마이티 닥터

Mighty Doctor

마이티 닥터

후대의 모든 마이티 닥터를 고대하고 응원하며

윤대원 지음

율리시즈

생명의 최전선에 선 의사의 숙명

2020년 2월 29일.

　50대 여성이 코로나19 중증 환자로 긴급 후송돼 응급중환자실 음압격리실에 입원했다. 전원 당시 의식은 있었으나 산소마스크를 착용했음에도 산소농도는 88퍼센트 이하로 떨어지고 있었다. 입원 3시간 만에 기도삽관 후 인공호흡기를 달았지만 혈압과 산소농도가 호전되지 않는다. 환자는 아주 힘겹게 숨을 몰아쉬고 있었다.

　초기 치료법들을 총동원했지만 효과가 없다. 이대로 위기 상황이 지속된다면 최후의 수단으로 에크모를 써야 한다. 결국 다음 날 에크모를 장착하고 선제적 치료를 시작했다. 에크모ECMO(체외막산소화장치)는 중환자의 심폐 기능을 대신해 생명을 유지해주는 장치다. 그래서 '인공심장' 혹은 '인공폐'라고도 불린다.

　음압격리실에서 에크모 치료를 시작한 환자는 격리 2개월 만에 코로나19 음성으로 최종 확인되었지만 바이러스만 사라졌을 뿐 폐 상태는 더 나빠졌다. 양측 폐에 광범위한 염증세포 침윤과 폐섬

유화가 진행되고 있어서 에크모를 떼는 순간 사망할 위험이 높았다. 이제 남은 선택은 폐이식뿐이다. 건강했던 환자는 순식간에 생사를 오가는 상태가 됐다. 환자는 음압격리실에서 의료진의 손을 잡고 한참을 울었다.

의료진은 에크모 치료를 유지한 채 외과중환자실로 환자를 옮겨 폐 공여자를 기다리기로 했다. 에크모 치료는 실시간으로 환자를 추적 관찰해 몸 상태를 양호하게 유지시켜야 하므로 긴장의 끈을 놓아선 안 된다. 의료진은 변화 과정을 사진과 영상으로 기록하며 24시간 모니터링을 했다. 에크모는 심폐 기능이 회복될 때까지 보통 수일에서 수주간 사용하는 장치이므로 장시간 장착한 환자가 버텨내는 것 또한 쉬운 일이 아니었다.

마침내 다행히도 공여자가 나타나 6월 20일 폐이식 수술이 진행되었다. 8시간에 걸친 수술은 성공적이었다. 이로써 위중한 코로나19 환자를 폐이식으로 살려낸 국내 최초의 사례가 나왔다(세계에서는 9번째다). 또한 입원 다음 날부터 수술 전날까지 무려 112일 동안 에크모 치료를 견뎌낸 세계 최장 시간 기록도 만들어졌다. 고립된 중환자실에서 환자와 의료진이 사투를 벌인 끝에 성취한 값진 생명의 기적이었다.

"숨 쉬는 것이 얼마나 감사한 일인지 건강할 때는 몰랐습니다. 깨끗한 폐에 산소가 들어오는 걸 온몸으로 느낄 수 있어요. 제게 폐를 공여해주신 분께 감사하는 마음으로 살겠습니다. 죽고 싶을 만큼 고통스러울 때 매일 식사도 챙겨주고 운동도 시켜주고 나를 대신해 손발이 되어준 의료진의 헌신에 병을 이겨내겠다는 의지를 잃지 않을 수 있었습니다. 정말 고맙습니다."

생사를 장담할 수 없던 환자가 자발호흡을 하고 앉아서 식사를 하고 재활운동을 시작했다. 그 모습을 지켜보는 의료진의 심정은, 감히 비교하자면 아마도 조물주의 마음과 다르지 않았을 것이다.

이 사례는 코로나19가 무서운 기세로 전역을 휩쓸던 당시 한림대학교성심병원 에크모센터에서 수행한 기적적인 케이스다. 우리나라 중증 환자 치료가 세계적 수준임을 증명한 사례이기도 하다. 수술을 집도한 흉부외과 김형수 교수는 20년 전부터 에크모를 연구해온 국내 최고의 에크모 전문가로, 2015년 개원한 에크모센터를 맡아 중증 심폐부전 환자들의 생명을 구해내는 데 혼신을 다해왔다.

그는 내가 만난 무수한 의사 중 가장 지독하고 치열한 외골수다.

20여 년을 거의 병원에서 먹고 자다시피 하며 오로지 연구와 치료에만 몰두했다. 지켜본 바로는 일 년 중 집에 들어간 횟수가 고작 사나흘 정도나 되었을까. 의사로서의 열의에 있어선 누구 못지않다고 자부하는 나지만, 그를 보고 있노라면 혀를 내두를 지경이다. 환자를 살리기 위해 마지막까지 최선을 다하는 그의 모습에서 의사의 사명이 아름답게 구현되는 장면을 확인한다. 그가 자랑스럽고 그와 함께할 수 있어서 감사하다. 세상의 모든 의사가 그와 같을 수는 없겠지만 적어도 그렇게 살고 있는 의사가 존재한다는 사실에 의사와 환자 모두가 자극받고 고무되었으면 좋겠다.

생명의 최전선에 선 의사의 숙명을 생각해본다.

변변한 약품도 도구도 없이 어떻게든 환자를 지켜내야 했던 열악한 시절에도, 최첨단 기기로 무장하고 미증유의 팬데믹을 겪어낸 지금도 의사의 숙명은 한 가지다. 소중한 생명을 지키는 일, 한 사람의 생명이라도 더 구해야 한다는 것. 어쩌면 특별한 것 없는 당위일지 모르겠으나 그것을 실천하는 삶을 살기란 절대 녹록치 않다. 혹독한 공부와 수련으로 실력을 쌓아야 하고, 체력적 한계를 시험하는 과중한 스케줄을 견뎌야 하고, 죽음의 문턱을 넘나드는 환자들과 마주하며 인간의 무력함에 절망하는 시간을 살아야 한다. 무엇보다 끊임없이 진화하는 질병과 맞서기 위해 한시도 경계를 게을리하지 않고 공부를 계속해야 한다.

그러므로 의사의 삶은 결코 안락하고 풍요롭지 않다. 의과대학에 입성해 의사가 되겠다는 목적이 결코 일신의 안위를 위한 것이어선 안 되는 이유다. 언젠가부터 의사라는 업業을 피라미드 꼭대기에 올려놓고 너나 할 것 없이 달려드는 현실이 나는 매우 불편하고 걱정스럽다.

나는 선친 윤덕선 명예이사장의 뒤를 이어 35년간 한림대학교 의료원과 학교법인일송학원을 책임지고 경영해왔다. 하지만 나의 본업은 외과 의사다. 애송이 시절부터 내로라하는 선생님들로부터 엄중한 가르침을 받고 온갖 환자를 수술하면서 외과 의사로서의 기반을 다졌다. 선진 의료를 배웠고 그를 바탕으로 신장이식과 췌장이식 수술에 성공해 명성을 얻기도 했다. 한편으론 20년이 넘도록 병마와 싸우며 내 몸에도 간과 신장을 이식받았다. 명색이 이식 전문의였음에도 삶의 막다른 골목에 선 순간에는 하릴없이 목숨을 의탁하는 환자가 되어 수술대에 누웠다. 그리고 정말 감사하게도,

의업에 헌신해온 은인들을 만나 매번 새 생명을 부여받았다.

어느덧 80을 앞둔 지금, 나는 어떤 의사였던가를 돌아본다. 척박한 환경에서 온갖 어려움을 불사하며 의료 터전을 다져놓은 선배 의사들 덕분에 좀 더 발전된 한국 의료의 길을 열고 방향을 제시할 수 있었다. 매 순간 최선을 다해 그 역할에 충실했다고 생각하지만 앞만 보고 달려오느라 어쩌면 가장 소중한 것을 놓쳤던 것은 아닌지 한편으론 자성의 시간도 갖게 된다.

후대에 올바른 가치관을 심어주었는가. 진짜 의사의 삶을 제대로 보여주었는가. 더불어 사는 세상에서 의사는 어떤 역할을 해야 하는지 선배로서 의미 있는 길을 걸어왔는가…….

내 삶을 돌아보며 평생의 도전과 응전의 순간을 정리한 것은 이를 통해 그동안 못다 한 역할을 대신하고자 함이다. 이런 어려운 시절을 이런 마음가짐으로 이겨냈노라고, 다소 미흡한 부분이 있더라도 당시는 그렇게 최선을 다했었다고, 그러니 이제 자네들은 세계를 향해 마음껏 꿈을 펼쳐보라고, 선배 의사가 후배에게 건네는 당부이자 격려다.

차례

들어가며 | 생명의 최전선에 선 의사의 숙명   4

1장 ___ 생명에 대한 경외심에 눈뜨다

• 전란 속의 어린 시절   17
• 생물 채집단으로 활약한 중등 시절   28
• 한국사의 격동기와 함께한 고등 시절   36
• 독실한 가톨릭 집안에서 태동된 신앙   42

2장 ___ 덕적도의 명의

• 농부에서 의학도로   49
    의사가 될 운명
• 살벌한 의대에서 살아남기   53
    오기와 암기로 따라잡다
• 척박한 환경에서의 고군분투   60
    인턴 시절
• 덕적도의 명의가 되다   66
• 외과 의사로 가는 길   78
    레지던트 시절의 밀착수업

3장 ___ 의사 윤대원

• 천부적인 외과 의사 윤대원 85

• 선진 의료를 경험하다 88
  컬럼비아대학의 외과학 교실

• 맨해튼에서의 좌충우돌 생활기 97

• 나는 외과 과장이다 103
  패기와 열정의 시간

• 정확한 판단과 실력은 경험에서 나온다 106

• 레지던트의 사고도 수습해야 하고 111

• 이식 수술에서 이룬 쾌거 113
  신장이식, 췌장이식 수술의 성공

• 인술의 실천 119
  나보다는 남을 위해, 함께 사는 세상을 위해

4장 ___ 시련과 응전

• 심근종양의 진단 127

• 간염의 발병, 간암 진단, 간이식까지 132

• 노사분쟁, 그리고 파업 142

• 일송학원 제2대 이사장 취임 149

• 자유롭고 당당한 삶의 열쇠, 정직 152

• 화합과 축제의 한마당 일송가족의 날 155

• 거목, 쓰러지다 162

• 일송을 회고하며 166
  오직 인술의 길을 열다

5장 ___ 대한민국 최상을 향해
: 한림대학교의료원과 대학의 도약

- 악재를 넘어 도약으로 177
  한림대성심병원 개원

- 궂은일은 더욱 단단하고 치밀하게 184
  화상전문응급의료센터

- 첨단 장비의 경쟁, 현대식 병원의 실현 191
  동탄성심병원

- 약자를 살피며, 고통을 분담하며 197
  복지관 사업

- 명문사학을 향한 도전 205

- 지도자를 찾아서 210
  김중수 총장을 모시기까지

6장 ___ 세계를 향한 마이티 한림

- 국제사회로 진출 219
  NYPH의 협력병원, 코이카 협력 사업

- 마이티 한림을 향한 파트너십 228

- 미국을 넘어 유럽으로 232

- 마이티 한림 4.0, 글로벌 플레이어의 비전 241

- ECO 한림의 환경 경영 247

- 글로컬대학, 다시 도약의 길로 253

7장 ___ 윤대원이 걸어온 길, 아직도 가야 할 길

- 주춧돌 정신을 되새기며 263
- 병원 순위에 관한 생각 265
- 내가 꿈꾸는 일류병원 268
  메시지가 중요하다

- 원로의사의 바람 271
- 성심병원에는 장례식장이 없다 276
- 아시아 최초의 린네 메달 수상 279
- 통섭의 시대를 향한 비전 290

맺는글 | 젊은 의사 후배들에게 294

1장

생명에 대한
경외심에 눈뜨다

전란 속의
어린 시절

나는 1945년 6월 23일 평안남도 용강군에서 태어났다. 8.15 광복을 두 달 앞둔, 2차 세계대전이 막바지로 치닫던 시기였다.

일본 군국주의는 소위 대동아공영권大東亞共榮圈이라는 기치 아래 동남아에서 마지막 혈전을 벌이겠다는 태세로 돌입했고, 그에 따른 확전 계획에 따라 턱없이 모자라는 군 병력과 군의관을 강제 징집하라는 명령이 떨어졌다.

아버지 윤덕선 박사는 평양고등보통학교와 경성의학전문학교를 졸업하고 스승인 경성의전 외과 주임교수 백인제 박사가 운영하는 백병원(현재 인제대학교백병원)에 근무하고 있었다. 강제 징집령에 따른 1차 차출 대상은 미혼의 종합병원 근무 경험이 있는 의사였다. 백인제 박사는 동남아에 차출돼 가면 죽게 될 테니 결혼해서 개업하라고, 그래야 징집을 피할 수 있다고 아버지에게 귀향을 종용했다. 그 말씀에 따라 아버지는 백병원에서 함께 근무하던 간호 사였던 어머니와 서둘러 결혼하고 고향으로 돌아와 용강 온천 지역에 성심의원을 개원했다.

1945년 8월 15일 마침내 해방이 되었지만 3.8선 이북은 러시아가, 그 이남은 유엔 통치하에 미군이 점령했다. 내가 태어난 용강 온천에는 작은 공군기지가 있었는데 그곳에 러시아 공군부대가 주둔하면서 러시아 조종사들이 종종 아버지 의원을 찾곤 했다. 일제 강점기 교육을 받은 아버지는 러시아어, 독일어로도 얼마간 대화가 가능한 수준이었다. 당시만 해도 민주주의, 사회주의가 무엇인지, 특히 공산주의는 또 무엇인지 제대로 알지 못했던 시절이었다. 러시아 군인들을 진료하면서 공산주의의 실상을 어렴풋이 짐작하게 된 아버지는 더 이상 여기에 머물러선 안 되겠다는 생각이 들어 3.8선 이남으로 피난을 결심했다.

할아버지는 서해 최고 염전인 광량만 염전의 관리소장이었다. 그리고 진남포에 자비로 천주교 공소(작은 성당)를 지으신 독실한 천주교 신자셨다. 약 700호 남짓의 작은 마을에서 혼자 힘으로 500여 명을 신자로 만든, 감화력이 대단하셨던 분인지라 많은 젊은이들이 할아버지의 인품과 신앙에 존경심을 품고 있었다. 이러한 인망 덕분에 청년 신도들의 도움으로 부모님과 나는 한밤중에 통통배를 얻어 타고 인천으로 넘어올 수 있었다. 할아버지와 할머니는 병원과 재산을 정리한 후 내려오기로 하고 남으셨다. 이후 할아버지, 할머니, 고모들까지 나머지 식구들이 합류하기까지는, 정리한 재산을 모두 빼앗기고 다시 고향으로 끌려가셨다가 빈털터리로 내려오게 된 우여곡절이 있었다.

천신만고 끝에 도착한 인천에서 우연히 평소 알고 지내던 용강역장을 만난 우리 가족은, 충남 홍성역장으로 발령받아 임지로 이동 중인 그를 따라 홍성에 정착했다. 나는 그곳 홍성에서 한국전쟁을 겪고 초등학교 3학년 1학기까지 다녔다.

홍성은 조용하고 깨끗한 마을이었다. 아버지는 법원과 소방서가 위치한 대로변에 외과 병원을 개원했다. 역시 '성심의원'이라는 명칭을 붙인, 20개 병상의 작은 병원이었다. 최고의 의료기술을 갖춘 서울 최고 병원의 외과 의사가 왔으니 그 인기는 대단했다. 이후 우리가 서울로 떠나 올 때까지 병원은 크게 번창했고 그 성심의원은 70여 년이 지난 지금까지도 그 자리에 건물이 남아 있다.

1950년 6월 25일 전쟁이 발발했다. 여섯 살 어린아이였던 나는 지금까지도 그날을 또렷이 기억한다. 이상한 아침이었다. 왜 그랬는지 모르겠지만 그날 아침, 바깥을 나가봐야겠다는 마음에 사택 문을 열고 나왔다. 두리번거리며 주위를 둘러보니 평소에는 사람들로 번잡한 그 큰 길에 인적 하나 없이 고요한 적막만 흘렀다. 갑자기 오싹한 느낌이 들어 후다닥 집으로 들어왔다.

그렇게 전쟁이 시작됐다. 한강 다리가 폭파됐고 인민군이 내려오고 있다는 소식이 들렸다. 마을의 성인 남자들은 남쪽으로 피난을 결정했다. 아버지를 비롯하여 삼촌, 고모, 친척들 모두가 피난길에 올랐고, 집에는 할아버지와 나, 어머니 그리고 태어난 지 3개월 된 갓난 동생까지 이렇게 네 명이 남았다.

그렇게 장정들이 떠난 마을에는 무스탕이라고 불렸던 (쌕쌕이)전투기의 기총소리가 시도 때도 없이 들렸다. 지금 생각하면 우습기도 한데, 혹시 무슨 일이 생길지 몰라 병원 침대를 안방으로 끌어다놓고 그 위에 온갖 요이불을 쌓아올리고, 밥상으로 양 벽을 만들고는 침대 밑으로 할아버지 어머니 나 그리고 동생이 숨어 있었다.

인민군의 점령으로 시작된 인공(인민공산당) 치하, 어렸던 나의 기억은 몇몇 장면이 고작이지만 그 시절 어른들이 겪은 고초는 이루 말할 수 없었다. 남아 있던 사람들도 그랬지만 피난길에 올라 전라도에서 경상도로, 그리고 치열한 낙동강 전투까지 숱한 생사의 고비를 겪었던 아버지와 삼촌의 수난은 감히 짐작조차 못할 정도였다.

어느 날 여성인민위원회에서 어머니를 호출했다. 어머니는 나를 함께 데려갔는데, 사무실 안에 들어서니 어떤 여자가 빙글빙글 도는 의자에 앉아 담배를 피우고 있었다. 무슨 용무로 불려가 어떤 얘기가 오갔는지는 기억나지 않고, 태어나 처음 본 그 희한한 장면만 인상에 또렷이 남아 있다.

또 어느 날엔가는 갑자기 인민군 두 명이 들이닥쳤다. 회색 군복 차림의 그들은 신발을 신은 채로 진찰실로 들어와 아버지 자리를 둘러보더니 약제실 커튼을 열어젖혔다. 당시 살바르산 606호라는 강력한 주사제가 있었는데, 페니실린이 등장하기 전까지는 가장 효율적인 매독치료제로 알려졌던 비소 화합물이다. 인민군들은 그걸 몽땅 쓸어갔다. 할아버지는 낮에는 약제실 천장 위에 숨어계셨고 요강을 올려드리면 채우곤 하셨다.

이윽고 인민군이 퇴각하고 국군이 들어온다는 소식이 퍼졌다. 동네사람들은 흥분하여 대나무를 잘라 죽창을 만들고 플래카드를 준비하곤 동네 어귀에서 국군의 입성을 기다렸다. 인민군은 철수한 지가 한참인데, 해가 진 뒤에도 국군의 모습은 보이지 않았다. 이러다가는 다시 인민군이 올지 모른다는 두려움에 어른들은 궁리 끝에 대로마다 장작불을 피우고 탄알들을 불 속에 집어넣기 시작했다. 장작불 속에서 터지는 탄알 소리가 마치 전쟁이 한창인 듯한 총소리처럼 사방으로 울려 퍼졌다.

사연 많던 3년간의 한국전쟁은 휴전으로 종식되었다. 그동안 할머니는 서울에서 공부하는 고모들을 돌보느라 신당동에 계셨는데, 전쟁이 끝나자 할아버지는 나를 데리고 할머니 계신 곳을 향하셨다. 휴전이 공포된 1953년 7월 27일은 여름의 한복판이었다. 한여름 땡볕에 끝이 안 보이는 길을 걷는 동안, 철부지였던 나는 연신 징징거리며 흰 고무신을 사달라는 둥 참외가 먹고 싶다는 둥 보챘다. 할아버지는 억장이 무너지는 심정이셨을 게다. 그렇게 무작정 걷다가 운 좋게는 기차도 타면서 서울에 도착하기까지, 꼬박 일주일이 걸렸다.

당시는 왜 그렇게 이가 득실대고 벼룩도 빈대도 많았는지. 이가

알을 까놓은 아이들 머리는 서캐가 자리를 잡아 허옇게 보였다. 빈
대와 벼룩은 특히 해가 지면 천장에서 내려와 밤새 한없이 물어뜯
었다. 이를 본 미군들은 질색해서는 DDT라는 소독약을 강제로 러
닝 속으로 뿌려주곤 했다. 말이 좋아 러닝이고 팬티지, 그 당시에
변변한 속옷이 있었겠는가. 어머니들이 본을 떠 광목으로 만들어
입힌 옷들이 러닝도 되고 팬티도 되었던 시절이다.

일주일 만에 할머니집에 도착했을 때 내가 걸친 옷가지는 이들
무리로 뒤덮여 거뭇거뭇했다. 깜짝 놀란 할머니는 당장 솥에 물을
끓이고 내 옷을 벗겨선 끓는 물에 던져 넣으셨다. 펄펄 끓는 물 밖
으로 하얗게 튀어 오르던 이 떼가 지금도 기억에 선연하다. 빈대
잡느라 초가삼간 태운다고, 이를 잡느라 옷을 몽땅 삶는 바람에 나
는 속절없이 발가벗고 서 있어야 했다.

요즘 들어 때 아닌 빈대의 출몰에 유럽은 물론이고 우리나라 전
역에도 비상이 걸린 상황을 보노라면, 아련하기만 했던 당시의 기
억이 소환되면서 새삼 70여 년의 시간이 한순간으로 스친다. 그러
다 퍼뜩, 해충과 바이러스와 전염병과의 싸움을 떠올리곤 새삼 경
각심을 갖게 되는 시절이다.

6.25의 여파는 큰 파장을 가져왔다. 북으로 철수하던 인민군은
수많은 명사와 종교인들을 납치해 북한으로 데려갔다. 의학계에
서도 백병원 설립자인 백인제 박사가 동생인 백봉제 변호사와 함
께 납치되었다. 일제 강점기 시절부터 뛰어난 의술과 실력으로 명

성이 자자했던 백병원은 일본인뿐만 아니라 만주의 갑부들도 찾아와 수술 받던 당대 최고의 종합병원이었다. 수장이 납치되고 병원은 폐허가 되었지만 그대로 방치할 수는 없는 노릇이었다. 백 박사의 동서이자 경성의전 선배인 김희규 박사는 아버지에게 병원 재건을 도와달라고 요청했다. 마침 홍성에는 고향에서 피난 온 의사들이 합류해 있었으므로 그들에게 병원을 맡기고 우리 가족은 서울로 올라왔다.

김희규 박사가 원장을 맡고 아버지 등이 주축이 되어 백병원 재건이 시작되었다. 기둥과 지붕만 앙상한 병원 건물에 미군의 원조기관을 찾아다니며 담요와 야전침대 등을 얻어와 들여놓고, 난리통에 훔치거나 주워온 의료 기계들을 쌓아놓고 팔던 청계천도 바삐 오갔다. 그 와중에 병원을 자주 왕래하던 미군 군의관들과 친해진 아버지는 미군 121 야전병원에 다니면서 혈액원을 개설하셨다. 전쟁 후 외상 환자는 넘쳐나는데 외과 수술에 필요한 혈액 공급은 원활하지 못하던 상황이었다. 아버지는 1년간 미군 병원을 출퇴근하며 임상병리를 비롯해 수혈과 헌혈, 혈액 보존법 등을 익혔고 그 결과 121 병원의 전폭적인 지원으로 적십자혈액원보다 앞선, 한국 최초의 혈액원이 만들어졌다.

1년간 아버지를 지켜본 미군 군의관들은 수술 실력이 뛰어나니 미국에 가서 현대의학을 배울 것을 권유했다. 때마침 한국 정부는 국가재건을 위한 인재 양성 목적으로 미국 연수단을 뽑고 있었는데 아버지는 꽤 치열한 경쟁을 뚫고 그 일원이 되었다. 부산에서

| 1954년 미국 연수길에 오른 아버지를 배웅하는
어머니와 우리 형제

출발하는 화물선을 타고 21일 만에 미국에 도착한 아버지는 그 후 코네티컷주 뉴헤이븐의 브리지포트 병원에서 약 2년간 현대의학을 공부했다.

어머니와 나와 동생은 백병원에 그대로 남았다. 우리는 백병원 2층의 조그만 다다미방 하나를 살림집으로 살았다. 우리 외에도 휴전 후 일본에서 귀국한 백인제 박사 가족과 원장인 김희규 박사의 식구들도 피난 갔던 진해에서 돌아와 함께 살았다.

전쟁이 나자마자 일본으로 피난했던 백 박사의 가족으로는 사모님과 두 아들, 그 아래로 어린 딸이 있었다. 원장인 김 박사에게는 세 아이가 있었는데, 나보다 한 살 위, 한 살 아래, 막내는 서너 살 어렸다. 이들은 예전에 살았던 고급저택으로 돌아와 자리를 잡았다. 마당 한가운데 일본식 정원까지 갖춘 으리으리한 2층집에는 고급 매트리스 침대도 있었다. 나는 그들 덕분에 생전 처음으로 야구라는 것을 구경했다. 태생부터 달랐던 아이들은 노는 것도 달라서 이상한 장갑을 끼고 작은 공을 던지고 받으며 자기네들끼리 재미나게 놀았다. 당시에도 가정교사를 두었고 점심시간에는 앰뷸런스에 밥상을 차려서 보내기도 했다.

아버지가 안 계신 2년의 시간은 내겐 특별한 기억으로 남아 있다. 설립자와 원장 자제들을 상대해야 했던 우리 형제의 수난기라고나 할까. 고만고만한 사내아이들 여럿이 어울려 사는 공간에서, 가진 자와 그렇지 못한 자들 사이의 위계를 어린아이들이라고 모르지 않았다. 내가 잠깐 방심할라치면 동생은 그들에게 골탕을 먹곤 했다. 그 시절에 겪은 설움과 수모가 쌓여 언젠가는 반드시 되돌려주고 말겠다는 철없는 생각도 했다. 거의 장성해서까지도 그 마음이 남아 있던 걸 보면 그때의 상처가 꽤 깊었던 모양이다. 당시의 울분은 내 삶에도 큰 영향을 미쳤다. 어린 마음에도 나는 저런 사람은 되지 말아야지, 저렇게 하면 안 돼, 수없이 그런 다짐을 하곤 했다. 지금껏 살아오며 아랫사람을 무시하고 차별하는 것을 특히 조심하고 경계하게 된 것도 아마 그때부터일 것이다. 부당한 차별을 당하는 심정을 누구보다 잘 알았기 때문이다. 지금 돌아보면 일생에 귀한 경험을 한 시기가 아니었나 싶다.

국민학교 5학년 무렵부터는 시립대학교 옆의 전농동에 살았다. 미음 자 구조의, 상당히 큰 한옥집에는 바깥 대문과 안대문이 있고 그 사이에 화장실이 있었다. 오른쪽 끝 사랑방에는 막내삼촌이 기거했다. 마루방이 이어진 곳에 부엌이 있었고 안방 오른쪽으로 큰 대청마루가 있었다. 양쪽이 트인 대청마루는 여름에는 아주 시원했다. 정원에는 백합과 달리아가 가득 피었다.

아버지가 미국으로 연수를 떠나신 이후 우리집 형편은 어느 때보다 어려워졌다. 집안에서 유일하게 경제활동을 하던 가장이 부재했으니 당연했다. 할아버지는 돼지 한 마리와 닭 사오백 마리를 키우셨는데, 없는 살림에서는 가축들 먹이 대는 것도 일이었다. 그래도 닭 모이는 청량리 시장에서 버려진 배춧잎이나 시래기들을 주워와 쓰기도 하고 봄이면 아카시아 나무 잎사귀나 풀을 베어 버무려줄 수 있었지만 돼지가 문제였다.

돼지 먹이를 해결한 이는 막내 고모였는데, 그 장면을 떠올리면 지금도 마음 한구석이 아릿하다. 명동 성당에 있는 계성여중고를 다녔던 막내 고모는 하굣길에 백병원에 들러 주방의 음식 찌꺼기가 가득한 잔반통을 집까지 들어 날랐다. 그걸 챙겨서 명동에서 전차를 타고 동대문까지 와서는 청량리행 전차로 갈아타고 청량리에 내려 집까지 20분 거리를 걸어왔다. 교복 차림의 여학생이 냄새 지독한 잔반통을 들고 오갔던 매일 매일의 하굣길은 그 얼마나 부끄럽고 고단했으랴. 그렇게 억척이던 고모는 곤궁한 형편에서도 의사가 되겠노라는 꿈을 끝까지 고집해서 수도여자의과대학을 나와 소아과 의사가 되었다. 환자 욕심, 일 욕심이 어마어마했던 분이라 소아과학회장, 알레르기학회장도 맡았고, 75세까지 일선에서 환자를 보고도 그 연세에 일을 그만두게 했다고 나를 원망하셨다.

생물 채집단으로 활약한
중등 시절

     돌아보면 힘든 시절이었지만 나는 내가 나고 자란 환경을 더없이 감사하게 생각한다. 부잣집 맏아들로 태어났지만 피난민 처지가 되어, 부자든 가난한 이든 너나없이 먹고사는 게 우선인 시절을 살았다. 그래서 내게는 이렇다 할 특권의식이 자리 잡을 틈이 없었다. 홍성에서는 30여 명의 식구가 와글바글 모여 살았고, 전쟁 중에 산골로 피난했을 때는 산속 방공호에서도 기거해봤다. 백병원 시절엔 부잣집 도련님들을 상대하며 일찌감치 다른 세상을 겪었고, 청량리에서는 사촌동생들을 거느리고 골목대장 노릇도 원 없이 해봤다.

    산과 들과 내를 휘젓고 다니던 어린 시절, 아이 어른 상관없이, 도시사람 시골사람 구별 없이, 온갖 사람들과 어울리고 뒤섞여 살았던 경험은 내게 자연과 인간에 대한 수용의 폭을 넓혀준 근간이 되었다.

　나는 몹시 장난이 심한 아이였다. 시립대학교 안을 들어가면 일제 강점기부터 있었던 농업원예학교에 나무와 꽃들이 한가득이었다. 저수지도 두 개나 있었다. 대학교 뒤편의 야트막한 배봉산은 우리의 단골 놀이터였는데 산기슭을 오르다 보면 대학에서 심어놓은 여러 작물들을 볼 수 있었다. 먹을 것이 없던 시절인지라 동생들을 데리고 지나며 고구마를 뽑아서 흙을 툭툭 털고 씹어 먹곤 했는데 그 맛이 어찌나 달았는지 모른다. 배봉산을 넘으면 중랑천이다. 그 당시는 바닥이 비칠 만큼 맑았던 중랑천에서 우리는 수영을 하며 놀았다. 그 뒤로 이어지는 아차산에는 도마뱀이 진짜 많았다. 도마뱀은 잡히면 정말로 꼬리를 끊고 도망갔다.
　그렇게 종일을 쏘다니며 시간 가는 줄 모르게 놀다가 돌아오는 길, 중랑천 풀밭에는 개구리가 지천이었다. 놀이의 대장정을 마무리하는 전리품처럼, 우리는 개구리를 잔뜩 잡아서 풀줄기에 끼워 매달고 닭이 잘 먹는 아카시아 잎도 한아름 따서 의기양양하게 집으로 돌아왔다.

　당시 서울에는 4대 명문학교가 있었다. 경기, 서울, 경복, 용산이다. 그 시절의 이들 명문고는 대학 못지않은, 자타공인 인정을 받는 학교였다. 나는 아버지가 사오신 입학원서 중에서 별 생각 없이 용산중학교를 택했다. 그때는 중학교도 시험을 보고 들어가야 했는데 용산중학교는 한 학년에 70명씩 8개 학급을 뽑았다. 그중 한 반은 무시험으로 선발하며 각 학교의 1등 졸업생들만 지원할 수 있다. 나는 시험을 치르고 용산중학생이 되었다.

나에게 중학 시절은 생물 채집단의 일원으로 전국을 누비며 온갖 식물을 탐색했던 시간이다. 중학교 2학년 무렵, 나는 아버지의 부탁으로 가톨릭의대 생물학교실 홍원식 교수의 생물 채집팀에 들어가게 되었다(홍원식 교수는 우리나라 1세대 식물학자로 미국 몬태나주에서 102세로 별세하셨다). 생물학과 조교들이 포함된 채집단은 매주 생물 채집을 다녔는데 덕분에 나는 마음껏 자연을 누빌 수 있었다.

산을 다녀오면 채집해온 온갖 식물들을 신문지 위에 가지런히 펴놓고 정성껏 말리는 게 일이었다. 그러다 보니 어느새 전문가가 되어 있었는데, 그 말이 과장이 아닌 것이 매주 서울 근교를 나가고 매년 전국의 주요 산지를 찾아 군락의 변화를 조사했기 때문에 어느 지방 어느 산에 어떤 꽃들이 군락을 이루고 있는지, 어떤 나무들이 분포돼 있는지 등을 훤히 알았으니 말이다.

그중에서도 가장 기억에 남은 곳은 일제 강점기부터 보존돼온 경기도 광릉의 수목원이다. 일부는 개방했지만 상당 부분은 보존 관리 지역으로 지정해 출입을 엄격히 통제했으므로 생태계 보존이 잘되어 있는 곳이었다.

우리는 허가를 받아 수목원 깊숙이까지 들어갈 수 있었다. 간첩이 수시로 출몰하던 때였으므로 계곡을 지나다 보면 때때로 잠복 중인 군부대와 마주치기도 했다. 정상 가까이에는 달래나무 같은 거목에 넝쿨이 주렁주렁 매달려 있는 것이, 마치 타잔이 나온 영화에서 봤음직한 장면이 눈앞에 펼쳐졌다. 말굽버섯인지 상황버섯인지 모를 버섯들도 나무마다 가득 피어 있어 그야말로 원시시대로 들어온 느낌이었다. 특히 광릉 내 요광꽃은 군락단지로 유명했는데 우리는 매년 그것이 어떻게 변하는지를 조사했다.

1960년부터 홍 교수님은 선태류 채집으로 전환하셨고, 새로운 선태류를 탐색할 대상 지역으로 지리산이 정해졌다. 구례 하동에서 시작해 쌍계사에서부터 천왕봉에 오르는 일정이다. 그 시기의 지리산은 올라가는 길도 변변히 없어서, 새벽부터 나선 우리 일행을 안내자 두 사람이 앞장서서 안내했다.

지리산은 은어가 뛰어 노는 기막히도록 아름다운 청정 계곡을 품고 있었다. 무더운 여름이라 계곡물에 들어가 씻고도 싶었지만 채집활동이 우선이니 눈에만 담아두고 지나칠 수밖에 없었다. 선태류는 처음인지라 채집 하나하나에 몰두하다 보니 어느새 해가 지고 있었다. 채집물이 늘어갈수록 배낭은 점점 무거워지고 몸은 지쳐가고, 결국 대학생 형 하나가 도저히 못 가겠다고 포기를 선언했다. 그의 짐을 안내자가 받아지고 산행은 계속됐다. 얼마 안 가서 이번엔 홍 교수님 아들이 정말 못 걷겠다고 주저앉았다. 그 짐 역시도 다른 안내자의 몫이 돼 일행은 계속 전진 또 전진. 잠깐의 휴식이 주어질 때마다 나는 자꾸 잠에 빠져들었다. 온 몸은 이미 땀범벅이고 땀에 젖은 점퍼는 뻣뻣해져 버석거렸다.

이윽고 8시가 지나고 사방이 깜깜해지자 그때까지 안간힘으로 버티던 나도 결국 온 몸에 힘이 풀려 주저앉고 말았다. 홍 교수님은 그런 내게 남은 찬밥과 고추장을 내밀며 먹어보라고 했다. 평소에 잘 안 먹던 고추장이지만 너무 지치고 허기져서 밥을 비벼 먹었다. 그런데 웬걸, 속절없이 기력은 더 떨어지더니 이젠 일어날 수조차 없다. 하는 수 없이 내 짐까지 받아 든 안내자가 굵은 가지를 꺾어주며 그걸 짚고 걸어보라고 했다. 우리 일행은 달빛에 의지해 길을 잃지 않도록 서로 소리를 질러가며 산길을 올랐다.

그때 저 멀리서 꽹과리 소리가 들렸다. 세상 반가운 그 소리를 길잡이 삼아 우리는 막바지 힘을 짜내어 산을 올랐다. 마침내 집이다! 붉은 흙으로 지은 두 칸짜리 흙집인데, 마당에는 자그마한 샘물도 있었다. 우리는 털썩 주저앉아 샘물로 목을 축이고, 뭘 먹었는지 기억이 가물가물한 저녁을 먹는 둥 마는 둥하곤 집 안의 흙장판 위로 쓰러졌다.

당시 지리산은 1500미터 고지에 마지막 물길이 있고 그 주변으론 엄청난 톱밥이 산더미같이 쌓여 있었다. 그리고 저 멀리엔 바람으로 마찰돼 불탄 큰 나무들이 하얀 기둥만 남은 모습으로 서 있었다. 이야기인즉, 사람들이 마지막 1500미터 고지의 아름드리나무들을 몰래 벌목해서는 계곡에 물이 불어나면 뗏목을 만들어 섬진강으로 내려보내곤 한다는 것이었다.

우리 일행은 그곳을 지나쳐 하늘과 통한다는 돌문인 '통천문'을 지나 마침내 지리산 최고봉인 천왕봉에 도착했다. 막상 올라와보니 천왕봉에는 아무것도 없다. 주위를 둘러보니 동쪽으로 수백 개의 산이 첩첩으로 아득히 펼쳐졌다. 저녁이 되자 구름이 뭉게뭉게 천왕봉을 향해 피어올랐다. 발 아래로 펼쳐진 운해는 참으로 장관이었다.

그렇게 원 없이 눈호강을 했지만 잠자리는 정말 대책이 없었다. 사방에서 바람은 거세게 불고 몸을 뉘일 자리조차 없어서, 우리는 주위를 살펴 가까스로 한 귀퉁이를 찾아내 그 안에 옹기종기 모여 앉았다. 바람막이로 기름칠을 한 널빤지 위에 돌을 묶어두고 그것

| 1960년 8월 선태류 채집을 위한
지리산 등반 일정을 기록한 사진과 메모

을 지붕 삼아 눈을 붙였는데, 그나마도 새벽녘 세찬 바람에 날아가 버렸다. 그렇게 파란만장한 하루를 보내고 내려오는 길은 마천, 인우를 거쳐 남원으로 빠지는 경로다. 나의 지리산 첫 등반은 그 맑은 계곡에 손 한 번 담가보지 못한 채, 인우동네 앞에서 목욕하는 것으로 마무리되었다.

이렇듯 전국의 산하를 누비며 온 몸으로 체험했던 자연 수업은 고되기는 했어도 더없이 행복한 시간이었다.

당시 고려대학교는 매년 전국학생생물연구발표회를 열었는데, 나는 중등부 최우수상을 수상하고 트로피도 받았다. 고등학생이 되어서는 고등부에서도 최우수상을 받았다. 상을 받아서가 아니라 그렇게 중고등학교 시절 오롯이 몰두했던 시간과 노력의 결과에 대하여, 나는 식물에 관한 한 또래 중 최고라고 자부했다. 지나고 보니 훗날 웁살라대학에서 수여하는 '칼 폰 린네 메달'을 수상하게 된 인연도 어쩌면 그 시절부터 시작된 것이 아닌가 싶다.

| 1958년 용산중학교 재학 시절 '전국학생생물연구발표회' 1등상을 수상하고 부친 윤덕선(왼쪽)과 함께

한국사의 격동기와 함께한
고등 시절

　　천방지축 산하를 뛰어다니던 중학교 시절이 끝나고 나는 용산고등학교에 입학했다. 역시나 사람들이 알아주는 명문고 학생이 되었지만 그다지 공부에는 흥미가 없었고 2학년 무렵부터는 불량학생들과 어울리기도 했다. 굳이 대학에 진학할 생각도 없었던 것이, 내가 가장 좋아한 일은 농사였기에 졸업하면 농부가 되든 아니면 배를 타고 세계를 누비든, 하고 싶은 일을 하며 자유롭게 살리라, 그런 막연한 생각을 품고 있었던 것 같다.

　　하지만 유유자적하던 소년 윤대원의 일상과는 달리 한국 사회는 거대한 역사적 전환기에 들어서고 있었다. 1950년대 후반 제1공화국의 실정은 극에 달했고, 1960년 3.15 부정선거를 계기로 이승만 정부에 대한 국민의 규탄이 대대적으로 일어났다.

고등학교 1학년 때였다. 오전 수업이 끝나자 갑자기 오후부터 휴업이니 다들 귀가하라는 방송이 나왔다. 학교가 있던 후암동에서 나와 남산을 넘어 명동에 있는 집으로 왔다(당시 우리 가족은 명동성당 안에 마련된 주택에서 살았다). 온 시내가 뭔가 어수선한 분위기였다. 학생들이 데모를 하고 있다는 소리가 들렸

| 고등학교 시절

다. 호기심이 발동해 밖으로 나와 두리번거리며 걷다 보니 어느덧 조선호텔 근처였다. 호텔 입구에는 꽤 많은 사람이 모여 있었고 그 맞은편 5층 건물 앞으로 방첩대가 포진해 있었다. 사람들은 방첩대 건물로 들어가자고 했다.

나는 멀찌감치에서 그 광경을 지켜보고 있었는데, 사람들이 건물 1층으로 들어가려고 하는 순간 5층 유리창이 깨지며 일제히 밖으로 총구가 나왔다. 그리고 조선호텔 담장을 향해 총격이 시작됐다. 호텔 벽에 맞은 탄알들이 퍽퍽 튕겨 나왔다. 누군가 저건 공포탄이니 맞아도 괜찮다고 외쳤고 그 말에 군중은 다시 1층으로 모여들기 시작했다. 그러자 이번에는 총구가 사람을 향하더니 무차별 총격이 시작됐고 순식간에 수십 명의 사람이 쓰러졌다. 혼비백산한 사람들은 쓰러진 이들의 팔다리를 잡아끌어 한국은행 쪽으로 이동했다. 순식간에 도로는 사람들이 흘린 피로 벌겋게 물들었다. 이게 도대체 어찌 된 상황인지, 눈앞에 펼쳐지는 비현실적이고 무

시무시한 광경에 나는 얼이 빠졌다.

잠시 후 광화문에서 학생들이 데모를 하고 있다는 소식에, 인파에 섞여 그쪽으로 이동했다. 광화문 네거리를 막 지나 빨간 우체통 뒤에서 중앙청을 바라보니 경찰들이 두 줄로 정렬해 있는데, 뒷줄은 선 채로 앞줄은 앉아 총 자세로 총을 쏘고 있었다. 어딘가에서 이승만 대통령의 목소리도 들렸다. 정신없이 휩쓸려 가다 보니 어느새 그들과 너무 가까워졌다. 나는 황급히 뒤돌아서 도망치기 시작했다. 정신없이 뛰다가 얼핏 골목을 보았는데 복부에 총을 맞은 사람이 피를 철철 흘리고 있었다. 나는 앞으로 더 내달려 사람들이 몰려 있는 골목으로 들어가 소리쳤다.

"저 옆 골목에 총 맞아 쓰러져 있는 사람이 있어요! 빨리요!!"

그 후 그 사람은 어떻게 됐는지, 나는 또 무슨 정신으로 집까지 돌아왔는지 모르겠다.

나중에 안 사실인데 그때 중앙청과 경무대 앞에서 시위대 학생들을 향해 실탄 사격이 가해졌고, 그 현장에는 수백 명의 가톨릭의대생들과 학생들의 안위가 걱정돼 살피러 나온 아버지도 계셨다 한다. 시위로 다친 부상자와 사망자들이 속출했던 그날, 아버지는 부상자를 치료하고 수술하느라 밤을 꼬박 새웠다.

4.19 혁명이라는 역사의 한 페이지가 내게는 이렇게 현장에서 목도한 끔찍한 장면으로 각인되었다.

결국 이승만 대통령은 하야했고 내각제가 실시되었다. 대통령

중심제를 채택했던 제1공화국의 1인 독재 경험 때문에 4.19 혁명의 이념을 실현하기 위해서는 의원 내각제 채택이 당연시되었다. 대통령에 윤보선, 국무총리에 장면이 선출되었지만 대통령은 의례적인 국가 원수일 뿐 정치적 실권은 국무총리에게 집중되었다. 장면 총리는 우리나라 초대 외무부장관이자 유능한 학자이고 양심적인 사람이었다. 그는 나름 민주정책을 펼치려 했지만 국내외적으로 내분과 갈등은 깊어졌고, 하루가 멀다 하고 데모와 혼돈의 시간이 이어지고 있었다.

결국 5.16 군사정변이 일어났다. 그날 밤 밤새도록 총소리가 들렸다. 그렇게 위협적인 긴 밤이 지나고 날이 밝자마자 나는 궁금한 마음을 이기지 못하고 밖으로 나가 을지로를 향했다. 당시 을지로 2가에는 치안본부가 있었고 그 앞으로 작은 광장이 있었다. 광장에 도착해보니 소총인지 기관총인지 30여 대가 있었고 바닥에는 엄청난 탄피가 쌓여 있었다. 아마도 밤새도록 하늘을 향해 쏘아댄 것 같았다.

그날 밤 제1군 사령관인 이한림 장군으로부터 장면 총리를 찾는 전화가 걸려왔다. 장면 총리 집안과 우리 집안은 용강군과 인접한 진남포, 중화 지역을 근간으로 한 가톨릭으로 이어진 친분이 있다. 특히 아버지와 장 총리는 막역한 사이였던 터라 우리집까지 행방을 묻는 전화가 온 것이다. 아무도 총리와 연락이 되지 않는다고 했다. 나중에 밝혀진 사실이지만 장면 총리는 우이동에 있는 가르멜 수도원에 피신해 있었다. 외부와 접촉이 차단된 봉쇄 수도원이다. 군부가 정권을 장악해 온 나라가 발칵 뒤집어진 때에 국정책임 자라는 사람이 무려 사흘간을 잠적했으니, 사방에서 총리를 찾느라 난리도 아니었다.

당시 혁명정부의 수장은 부산지원사령부 사령관이던 육군 소장 박정희였다. 병력은 겨우 3500명밖에 안 됐고 주력부대는 김포 해병여단이었다. 박정희 소장을 필두로 한 혁명군이 한강인도교 앞에 진입하자 헌병 초소는 바리게이트로 진입을 막고 경고사격을 했다. 그러자 박정희 소장은 지프차에서 내려 꼿꼿한 모습으로 헌병 바리게이트를 향했다. 서울은 순식간에 혁명군에 의해 장악됐고 곧이어 혁명 최고위는 그 내용을 방송으로 공포했다.

문제는 미국 정부의 승인이었다. 당시 미국의 대통령은 존 F. 케네디였는데 혁명정부 최고위는 케네디의 승인을 얻기 위해 그의 최측근을 수배하기 시작했다. 마침 케네디 대통령의 죽마고우인 에드워드 J. 마펫 신부가 백령도에 있었다. 마펫 신부는 나의 선친과 형제처럼 가까운 사이였다. 그걸 알고 혁명정부 최고위는 마펫 신부와 아버지를 지금은 없어진 남대문 앞의 국제호텔에 연금했다. 그리고 케네디 대통령이 혁명정부를 승인하도록 마펫 신부를 집요하게 설득했다. 그때까지도 장면 총리의 행방은 여전히 오리무중이었다. 미국 정부도 한국 군부도 단서를 찾지 못했으므로, 그렇게 정부의 수장이 부재한 상황에서 마침내 사흘 만에 케네디 정부로부터 혁명정부를 인정한다는 승인이 떨어졌다.

이렇듯 4.19 혁명과 5.16 쿠데타로 이어지는, 한국 역사상 가장 혼란스러운 시기를 관통하며 나의 고등학교 시절은 마무리되었다. 일본군도 인민군도 아닌 대한민국의 경찰과 군인의 총탄에 사람들이 쓰러져가는 모습을 직간접으로 마주한 경험은, 가장 예민하고 감성적인 나이에 깊은 상흔을 남겼다.

독실한 가톨릭 집안에서
태동된 신앙

우리 집은 5대조부터 천주교 집안이다. 조부모님과 부모님은 물론, 형제들까지 모두 독실한 신앙을 갖고 있다. 어려서부터 나는 이렇듯 믿음이 깊은 환경에서 자랐다.

할아버지와 할머니는 집안의 장손인 나를 늘 가운데에 두고 주무셨다. 잠자리에 들기 전에는 항상 저녁기도를 올리고 아침에는 일어나자마자 아침기도를 드리셨다. 언제나 한복 차림이었던 할아버지는 버선을 신고 바지저고리에 댓님을 매는 것으로, 할머니는 참빗으로 곱게 머리를 빗고 방바닥에 떨어진 머리카락을 손으로 쓸어 모아 버리는 것으로 하루를 시작하셨다.

나는 열네 살 무렵이던 중학교 2학년 때부터 거의 10년을 명동성당 구내에서 자랐다. 아버지는 막 시작한 가톨릭의과대학의 교학부장(학장은 양기섭 신부님)이자 명동성모병원의 의무원장으로 근무하셨으므로 우리는 주교관에 부속된 종사원들이 사는 주택가에 함께 살았다. 바로 옆집에는 노기남 대주교님의 운전기사와 잡무를 보는 사람, 허드렛일을 하는 사람이, 그리고 가장 끝집에는 종치는 아저씨가 살았다. 서울 명동 한복판이었음에도 당시 집 앞에는 텃밭이 있었고 연탄을 때던 시절이라 연탄 창고도 있었다. 이런 환경이라서 주교관에 계시는 신부님 수녀님들과의 만남은 자연스러웠다. 당시 노기남 대주교님은 항상 빨간 주복에 십자가를 매고 계셨지만 직접 뵌 적은 몇 번 되지 않았다.

수많은 성직자들 중에서 특히 명동성모병원의 경리처장인 서 세바스티나 수녀님과는 유독 특별한 관계였다. 서 세바스티나 수녀님은 서예와 그림에 능했던, 한마디로 인텔리 수녀님이었다. 다만 몸이 쇠약하셔서 항상 음식을 편히 못 드셨다. 나를 자식처럼 각별히 아껴주신 수녀님과는 평생 가까이 지냈는데, 외부 관가나 휴양소에 계실 때, 노 수녀님들만 있던 성 바오로 수녀원에 계셨을 때에도 늘 찾아뵙곤 했다. 그렇게 소화가 힘들어 식사를 잘 못하셨는데도 특이하게 생선회는 좋아하셨던 게 기억난다. 가끔 일식집에 모셔 회를 대접하면 거뜬히 한 접시를 드시고도 속이 편안하다 하셨다.

수녀님은 구십 세를 넘기고 돌아가셨다. 아마도 5월 중순쯤의 따뜻한 봄날로 기억한다. 성 바오로 수녀원에서 영결 미사가 진행되었다. 성직자들과 수녀님들 그리고 문상객들 한편에 스무 명 남짓의 예비 수녀님들이 앉아 계셨다. 매우 엄숙한 영결미사 중인데 내 맞은편에 앉은 수녀 한 분이 졸기 시작했다. 어린 나이에 쏟아지는 잠을 주체할 수 없었는지, 의지와는 달리 고개는 자꾸 깊이 떨어졌다. 노 수녀님은 영면의 길을 가시는데 그 옆의 아기 수녀님은 한없는 졸음에서 벗어나지 못하는 모습에, 엄숙한 분위기에서도 슬그머니 미소가 떠오르던 기억이 난다.

오래전 어느 날, 아마도 청량리에 살던 무렵으로 기억하는데 김수환 추기경께서 오셔서 아버지와 저녁을 같이하신 적이 있다. 그 자리에서 아버지는 이런 질문을 하셨다.

"추기경님, 저는 아직까지도 이해를 못하겠는데 삼위일체가 무엇입니까?"

그러자 추기경께서는 아버지의 어깨를 툭 치며 말씀하셨다.

"에이 이 사람아, 내가 그걸 알면 여기 있겠어?"

그렇게 농담처럼 말씀하며 웃으셨던 기억이 난다.

대대로 독실한 가톨릭 집안에서 태어나 장년이 되기까지 명동성당에서 살았지만, 솔직히 말하자면 나는 그리 깊은 신앙심을 가진 사람은 못 된다. 오히려 신부님 수녀님들과의 접촉이 일상인 환경에서 살면서 한편으로는 현실과의 괴리감을 느끼곤 했다. 신앙에 대해서도 여러 생각이 오갔다. 《실낙원》에서 밀턴은 지성이 없는 신앙도 비판했지만 신앙이 없는 지성 또한 비판하지 않았던가. 비슷한 맥락에서 '지성 없는 영성은 맹목적이며, 영성 없는 지성은

공허하다'라는 말도 어딘가에서 읽었던 기억이 있다.

　과연 종교란 무엇인가. 특히 삼위일체인 성부 성자 성신은 무엇인가.

　인간은 왜 죄인이어야 하는가. 왜 구원받아야 하는가.

　실존주의자들의 주장처럼 '어떻게, 왜, 누구에 의해 이 세상에 왔는지 모르기 때문에 인간은 스스로 운명을 개척해 나가는 주체적 존재'라는 논의에는 어떻게 답할 것인가.

　고백하자면 여전히 나는 이들 질문에 분명히 대답할 수 있을 만큼 신앙적 확신과 깊이가 충분하지 않다. 다만 종교적 배경 덕에 이미 나의 일부이자 생활의 근간이 된 가톨릭 정신은 '정직'이라는 신념의 외피로 이제껏 삶을 살아오는 원칙이 되어주었다고 생각한다. 나는 평생에 걸쳐 한 번도 '정직한 삶'이라는 원칙에서 벗어나지 않았다. 그럼으로써 자유롭고 당당한 사람으로 살 수 있었다.

2장

덕적도의 명의

농부에서 의학도로

의사가 될 운명

생각해보면 신기하고 한편으론 그 이유가 궁금하기도 한데, 부모님은 나를 포함한 우리 형제들에게 의사가 되라는 말씀을 한 번도 하신 적이 없다. 그래서인지 병원집 장남으로 태어났음에도 나 역시 내 진로에 의사라는 직업을 선택지로 놓아보지 않았다. 앞서도 말했지만 농부나 선원이 되기를 꿈꾸었던 나다.

명동성당 구내에서 살았던 시절에도 내가 가장 많은 시간을 보낸 곳은 집 앞의 작은 텃밭이었다. 세 고랑쯤 되는 땅에 이것저것을 심고 가꾸면서 틈만 나면 그 밭에 나가 앉아 있었다. 그렇게 밭을 들여다보고 흙에서 자라나는 생명을 지켜보는 시간이 한없이 좋았다. 겨우 열네 살짜리 중학생이 어른들의 생물 채집단에 끼여 학창 시절 내내 혹독한 강행군을 하면서도 그 외의 시간에는 어김없이 손바닥만 한 밭고랑에 붙박이로 붙어 지냈으니, 그 시절의 나를 지켜본 사람이라면 '저건 천생 농부야'라고 생각했을 것이다. 고등학교를 졸업하면 농사짓는 농부가 되어야겠다, 그런 삶을 동경하게 된 것은 어쩌면 자연스러웠다.

그 당시는 서울의 명문고를 나왔다 하면 굳이 대학까지 안 가도 먹고살 걱정은 하지 않아도 되었다. 교사들 역시 명문고 교사라면 대학교수 부럽지 않은 지위를 인정받았던 시절이다. 후에 정책에 따라 여러 대학이 생겨나면서 이들 교사 중 대학으로 옮겨가는 이들이 꽤 되었을 정도다.

그런 명문 고등학교에 다니면서도 공부에는 딱히 흥미가 없었으므로 나는 모범생 범주에선 벗어나 있었다. 게다가 2학년부터는 불량한 친구들과 어울리면서 공부는 더더욱 소홀히 하였다. 대학입학시험 원서 접수를 앞둔 어느 날, 담임선생님은 나를 불러 앉혀놓고 한숨을 쉬셨다.

"너는 참, 머리도 좋은 놈이 어쩌다 이렇게 공부를 놓아버려서는……. 하는 수 없지, 지금 네 성적으로는 고려대 화학과 정도가 좋겠다."

솔직히 대학에 진학할 마음이 없었던 터라 어느 학교 무슨 과를 가든 상관이 없었다. 결국 선생님 말씀에 순응하여 고려대학교 화학공학과에 진학했다.

대학생이 되어서도 이런 마음은 달라지지 않았다. 나로서는 그저 농부가 되기 전, 유예기간이 조금 더 생겼다고나 할까. 화학공학

| 고려대학교 재학 시절

과에 학적을 두긴 했으나 전공 공부는 나 몰라라 하고 거의 매일을 친구들과 작당해 놀러다니기에 바빴다. 그야말로 한량 놀음에 빠져 지냈던 시절이었다.

평생 동안 자식의 진로에 간섭하지 않았던 아버지가 유일하게 개입한 순간이 이때였다. 미국 유학 당시의 인연을 통해 워싱턴 DC에 있는 대학에 나를 입학시킬 준비를 해놓으셨다는 거다. 다만 그 계획을 실행하자면 군복무 문제부터 해결해야 했다. 그 또한 이미 계산해두신 아버지의 구상에 따라 나는 해병대에 자원해 신체검사를 받았다. 별 문제 없이 합격했고 입소가 결정돼 영장이 나왔는데 입대 날짜를 보니 12월 27일이었다. 연말을 앞두고 온 세상이 들떠 있는 크리스마스 시즌에 나는 군대를 가야 한다고 생각하니 온갖 상념이 오갔다.

막내 고모가 등장한 것이 이즈음이다. 어디서 무슨 얘기를 들었는지, 느닷없이 집을 찾아온 고모는 나를 앉혀놓고 조목조목 타이르기 시작했다.

"너도 생각을 좀 해봐. 도대체 뭐 하러 굳이 자원입대까지 해가며 고생을 자처하는지 모르겠다. 그리고 왜 자꾸 딴생각을 품고 너좋은 것만 하겠다고 그러니. 아버지가 그리 고생해서 대학도 병원도 만들고 지금도 죽을힘을 다해 애쓰고 계신데, 너도 의사가 돼야지. 다른 누구보다 아들인 네가 아버지 곁에서 부지런히 배우고 도와드려야 하지 않겠느냐. 아니, 다 차치하고 무엇보다 그렇게 풀 한포기 나무 하나에 온 정신을 쏟는 성정性情이니, 그 정성을 사람 살리고 고치는 데 쏟아보는 것도 분명 보람 있는 삶이 될 게다."

내가 시큰둥하게 반응하니 고모는 더 애가 달았다. 어떻게든 나를 회유해 의사의 길로 들여놓겠다는 고모의 의지를 꺾을 자는 없었다. 그날부터 시작된 끈질긴 설득 끝에 마침내 내 입에서 "알겠습니다. 의대로 편입할게요"라는 대답을 받아내기까지, 고모는 무려 석 달간 공을 들이셨다.

혹자는 아버지가 은근히 고모를 부추긴 것이 아니었나 하는 의심도 하는데, 적어도 내가 아는 아버지는 그런 꾀를 부릴 분이 못된다. 그 시대의 아버지들이 그러했듯이 다정한 아버지와는 한참거리가 있는 무뚝뚝한 가장이셨다. 집안보다는 의료현장에 모든 시간을 쏟아야 했던, 의사로서의 본분이 먼저였던 분이다.

하여튼 그러한 우여곡절 끝에 나는 의학도가 되었다.

살벌한 의대에서 살아남기

오기와 암기로 따라잡다

　　나는 가톨릭대학교 의과대학에 편입했다. 지금도 그런 편이지만 당시에도 의과대학은 말이 대학이지 고등학교의 연장과도 같은 환경이었다.

　　의과대학은 예과 2년, 본과 4년의 과정으로 총 6년간의 과정이 진행된다. 예과 2년 동안은 일반 교양과목을 포함해 화학과 생물학, 동물학 등의 기본적인 과정을 배우고 본과부터는 해부학, 생리학, 약리학, 예방의학, 병리학 등 의학과 관련된 모든 과목을 배운다. 의사가 되기를 작정하고 준비한 학생도 막상 의대의 살인적인 커리큘럼을 무사통과하기란 만만치 않은데 하물며 나처럼 일반대학에서 유유자적 지내다 온 사람은 어떻겠는가. 우선 매일 오전 9시부터 오후 5시까지 이어지는 수업과 엄청난 학습량에 적응하는 것부터가 난관이었다.

게다가 예과를 패스하고 본과부터 시작했으니 수업을 따라가는 것은 당연히 무리였다. 고등학교부터 대충 시간 때우기로 보내온 세월이 벌써 몇 년인데, 학업도 학업이지만 의대 교과서는 모조리 원서로 되어 있어서 내 부족한 영어 실력으로는 해부학이니 생리학 등등이 무엇을 배우는 과목인지 그 내용을 파악하는 것조차 어려웠다.

나는 생애 최초로 큰 딜레마에 빠졌다. 이제껏 무엇을 하든 남과 경쟁해서 이겨야겠다는 생각을 해본 적이 없던 나다. 돌아보면 유복한 환경에서 무엇 하나 강요받은 바 없이, 하고 싶은 것을 하며 살아온 삶이었다. 오죽하면 어렸을 때 별명이 '태평이'였겠는가. 내 기억으로는 명문중고를 다닌 학창 시절에도 공부를 열심히 한 적이 없었는데, 죽어라 공부하지 않아도 반에서 늘 4, 5등은 했으므로 그 정도면 충분하다고 여겼기 때문이다. 굳이 1등을 해야 할 이유도 필요도 없었던, 그야말로 태평한 세월을 살았다.

그랬던 내가 의과대학에 들어와 제대로 장벽에 맞닥뜨린 것이다. 같은 공간에서 나만 말귀를 못 알아듣고 무엇을 어떻게 해야 할지조차 모르는 채로 앉아 있는 것은 고문과도 같았다. 게다가 여기는 아버지가 의무원장으로 계시는 곳이다. 천주교에서 설립한 가톨릭의대 명동성모병원의 의무원장은 실질적인 학장의 역할이 부여된 직책이다. 여기서 낙제를 하게 되면 아버지 체면은 또 뭐가 된단 말인가.

진퇴양난이었다. 나 혼자 낙제하고 끝날 문제가 아니다. 비로소 정말 큰일이라는 실감이 들면서 일단 무조건 열심히 달려드는 수밖에 없다는 판단이 섰다. 그리하여 지금껏 10시가 마지노선이었던 공부 인생에 생전 처음으로 자정까지, 아니 자정을 넘기면서까지 공부하는 날들이 시작되었다.

그렇게 공부에 몰입해 받은 1학기 성적은 평균 38점. 성적을 받고 보니 역시 안 되는 건 안 되는 건가, 이제 틀렸다 싶은 생각이 들었다. 최선을 다해 최대치로 노력했는데도 안 되는 거라면, 빨리 포기하고 정리하는 것도 답이다. 나는 고민 끝에 고모를 찾아갔다. 아버지께는 차마 말씀드릴 용기가 나지 않았다.

어렵게 마주한 고모 앞에서, 죽도록 노력해봤는데도 여기서 따라가는 건 힘들 것 같으니 다음 학기에 휴학하고 고려대로 돌아가겠다고, 이렇게 가다가는 아버지 얼굴에 먹칠을 하고 말 거라고 말씀드렸다. 물론 고모는 단칼에 안 된다고 못을 박으셨다. 하기는, 단번에 허락이 떨어질 거라고는 나도 기대하지 않았다. 어쩌면 고모는 이미 이런 결과를 예상하셨던 것 같기도 하다. 의학도 선배로서 당신 역시 지나온 길이니, 준비 없이 던져진 내가 어떤 고민과 걱정에 놓이게 될지 모르지 않으셨을 것이다.

고모를 뵙고 돌아오는 길, 생각이 많아졌다. 정말 아버지의 명성에 누를 끼치지 않겠다는 이유로 지금 그만두는 것이 옳은 결정일까, 그럼 다 해결되는 건가, 혹시 그걸 핑계로 여기서 도망치고 싶은 것은 아닌가……. 정답 없는 질문을 끝도 없이 스스로에게 던지고 대답하면서 비로소 나는 나 자신과 솔직하게 대면했다. 지금까지의 노력과 앞으로의 가능성, 진로를 놓고 정말 내가 의사로서의 삶을 살아낼 자신이 있는지를 검열했다.

결국 한 번 더 나를 시험해보자고, 여기서 끝내고 말기에는 아직 오기가 남았다는 생각에 마음을 다잡기로 했다.

그렇게 고심 끝에 2학기를 맞았고 1학기 때 다져둔 공부 근력 덕분인지 다행히 조금씩 공부 노하우를 터득해 나가기 시작했다. 정확한 점수는 기억나지 않는데, 유급 없이 무사히 2학년에 올랐고 어느덧 수업을 따라가는 데도 무리가 없게 됐다. 그렇게 되기까지는 내 특기인 암기력 덕을 톡톡히 봤다. 솔직히 말하자면 의대 성적은 엄청난 양의 정보와 지식을 얼마나 많이, 빨리 암기하느냐가 좌우한다. 얼마간 기초가 잡혀감에 따라 2학년에는 7등을 하고 이후 졸업까지 계속 장학금을 받았다.

의대는 한편으로 재시험의 연속이기도 한데 매 시험마다 적어도 20, 30퍼센트는 재시험을 치른다. 그러다 보니 아무리 우등생이라 해도 전 과목에 능통하지 않는 한, 특정 과목에 취약하면 본과 4년을 마치기까지 재시험 없이 직행하기가 보통 어려운 게 아니다. 실제로 그렇게 재시험에 또 재시험을 치르다 낙제하는 경우도 드물지 않다.

내 자랑 같지만 누가 봐도 낙제생 후보 0순위였던 나는 한 번도 재시험에 걸리지 않고 졸업했다. 그러기까지 어떤 요령이나 편법도 쓰지 않았다는 것에서는 내심 자부심을 갖고 있는데, 그건 아마도 타고난 성정 때문인 것 같다. 어려서부터 어떤 환경에서든 누구와 마주해서든, 나는 언제나 당당하고 자신감이 넘쳤다. 쉽사리 남을 업신여기지 않았고 남들도 나를 함부로 대하지 못했다.

그런 내 눈에 의대생들은 뭔가 미숙하고 조급하며 편협해 보였다. 무자비한 시험 때문이기도 하겠으나 남을 밟고 오르는 경쟁에 익숙한 이들인지라 시험마다 커닝이 횡행했다. 누가 먼저랄 것 없이 서로 온갖 방법을 동원해 커닝하면서 한편으로는 교수들에게 고자질도 서슴지 않았다. 고려대에서 2년간 나름의 낭만을 만끽했던 나로서는, 다시 고등학교로 돌아왔나 싶을 만큼 여전히 공부와 경쟁과 진급에만 목매는 의대생들이 참 딱하게 보였다.

| 의학도 윤대원, 의사의 삶을 시작하다(20대 시절)

당시는 외과가 의대의 꽃이었다. 의대생이면 누구든 외과 의사가 되고 싶어 했다. 나는 더욱이 아버지가 외과 의사이니 고민의 여지없이 당연히 외과를 지망했다. 돌아보면 대략 25년간의 의사 생활을 참 잘했다 싶다. 내가 의사 생활을 잘하게 된 데는 아버지의 삶을 어려서부터 지켜본 경험이 한몫을 했다. 아버지는 굉장히 근면했고 노력하는 사람이었다. 미국에서 현대의학을 배우고 성모병원으로 자리를 옮겨서도 공부를 계속해야 한다는 필요성을 더 절대적으로 느꼈다. 우리가 지금까지 배운 독일식, 일본식 의학으로는 더 이상은 안 되겠다는 판단 아래, 함께 일했던 후배를 모두 미국으로 보냈다. 그러고 나니 제대로 수술을 집도할 사람은 당신뿐이었다. 아버지는 매일 밤낮을 가리지 않고 수술하는 게 일상이었다.

중고등학교 시절, 내가 철든 이후로 아버지는 늘 밤마다 새벽마다 불려나가서 수술하고 돌아오셨다. 그런 모습을 보고 자란 나였으니 당연히 의사는 그렇게 사는 줄 알았다. 의사라면 매일 밤에 나가서 수술하고 또 그 다음 날에도, 밤에도 수술하고 다음 날 정상 근무하는 게 당연했다. 환자가 있는 곳에 의사가 있어야 한다는 당연한 명제. 그에 따라 사는 삶이 의사의 숙명이라고 믿었다. 그 습관이 몸이 배서 의사가 되어서도 그런 생활을 당연하게 여겼다.

그걸 모르는 보통의 사람들은 의사 생활에 굉장히 어려움을 느낀다는 것도 나중에 알았다. 물론 일부의 경우지만, 그런 이들은 밤마다 불려나가는 것도 이해할 수 없을뿐더러 업무가 고되니 병원이 싫고, 그러다 보니 많은 문제가 생겼다. 예를 들어 녹초가 돼 당직실에서 숙직을 할 때는 슬그머니 전화기를 내려놓곤 했는데 그러면 매번 전화에 응대하지 않아도 되기 때문이다. 시험 때 커닝이 동원되었듯, 고된 의사 생활에도 자잘한 요령과 눈치싸움이 곳곳에 만연해 있었다. 다만 나는 태생적인 환경 덕분에 그리고 아버지라는 큰 스승이 버티고 계셨던 탓에, 그쯤은 기본으로 장착돼 있어서 큰 고민 없이 의사 생활을 지내올 수 있었다.

척박한 환경에서의 고군분투

인턴 시절

1969년 3월 1일부터 명동성모병원에서 인턴을 시작했다. 인턴이 되면 일 년간 주요 임상과를 한 달씩 순환 근무하고 야간에는 별도로 응급실, 중환자실에서 당직을 한다. 나의 인턴 첫 근무는 이비인후과였는데 낮에는 이비인후과에서 일하고 밤에는 중환자실 당직의사로 근무하게 되었다.

근무 첫날, 인턴도 명색이 의사인데 주사도 놓지 못하고 가운만 입고 서 있는 나 자신이 어쩐지 병원 안의 이방인처럼 느껴졌다. 중환자실 당직에 들어가 몇 시간이 지났을까, 갑자기 산모가 침대 채로 응급실에 들이닥쳤다. 즉각 심폐소생술이 시행되고 대략 10여 분, 생명을 살리기 위한 급박한 시간이 흘렀다. 당시까지만 해도 임신중독증이라 해서 산모가 갑자기 발작하고 사망하는 경우가 많았다. 이 환자도 응급의들이 심폐소생술에 전력을 다했음에도 불구하고 결국 사망하고 말았다.

눈앞에서 사람이 순식간에 죽음에 이르는 광경을 처음으로 목격한 나는 얼이 빠졌다. 그리고 거짓말처럼 20분 뒤 똑같은 상황이 재현되었다. 또다시 임신중독증 환자가 들이닥쳤고, 다시 심폐소생술이 시작됐고, 역시 이번에도 사망선고가 내려졌다. 한순간에 두 사람의 생명이 사라지는 장면은 한편으론 현실감이 없어질 정도로 아득하게 느껴졌다. 겨우 정신을 차리고 보니 1층 매점 앞에서 담배 한 개비를 입에 물고 있었다. 의사생활의 첫날은 이렇게 시작되었다.

1969년 3월 마침 내가 인턴을 시작한 그 시기에 이용각 교수님은 우리나라 최초로 신장이식 수술에 성공했다. 당시 장기이식에는 유전자 검사인 HLA 검사도 없었고 오로지 혈액형 검사가 전부였다. 이 케이스를 필두로 이후 20여 년간 장기이식이나 혈관 수술은 거의 성모병원이 도맡아 하다시피 했다. 그것이 가능했던 것은 이용각 교수님의 독보적인 능력 덕분이었는데, 교수님의 스승인 마이클 드베키Michael. De Bakey(1908~2008) 박사는 텍사스 휴스턴에 있는 베일러의과대학에서 세계 최초로 심장 관상동맥 이식에 성공한 분이다.

국내 최초 신장이식 수술의 수혜자는 재미교포였는데 우여곡절 끝에 그 환자는 무려 5년간 생명을 유지했다. 이후에도 신장이식은 계속 시도되었지만 내가 레지던트로 재직한 4년 동안 수술을 받고

| 이용각 가톨릭의대 명예교수

1년 반 이상 생존한 사람은 보지 못했다. 그만큼 위험 부담이 따르는 어려운 수술이었다.

한편으로 이 수술은 내게도 특별한 기억이다. 수술 후 환자가 코피를 쏟기 시작했는데 상태가 심각해서 응급조치로도 멈출 수가 없었다 한다. 대략 밤 10시쯤이었는데 이비인후과 선생님들은 모두 퇴근한 상태였다. 그러자 인턴이라도 찾아보라는 지시에 중환자실 당직인 내가 호출되었다. 달려가 보니 담당 레지던트가 질문한다.

"이 환자가 코피를 흘리는데 응급조치가 안 듣는다. 학교에서 조치법은 배웠겠지?"

"예, 배웠습니다."

"그럼 배운 대로 처치해봐."

얼떨결에 맞닥뜨린 상황에 당황스러웠지만 급히 머릿속으로 수업 중에 배운 내용을 되짚었다. 코피는 코 중벽의 혈관이 터져서 생기는 것이니 그 지점을 찾아 지혈해야 한다. 나는 우선 소변줄 거치에 쓰는 폴리카테타를 코에 집어넣고 공기를 주입하는 벌루닝 시술을 시작했다. 그렇게 하여 잠정적인 지혈에 성공할 수 있었다. 나는 재차 확인한 다음 문제 지점을 바셀린으로 패킹하고 마무리했다. 초보 인턴으로서, 중요한 의미가 있는 환자의 급박한 순간에 나름 기지를 발휘해 문제를 해결한 자신이 뿌듯했다. 그날의 당직 은 지금까지도 특별한 기억으로 남아 있다.

당시는 혈액투석기도 없었던 때라 재력이 되는 사람들은 외국에 서 직접 혈액투석기를 샀는데, 지금과는 아주 상이한 형태로 모 터가 6개 달린 원시적인 모양이었다. 투석은 6시간을 돌려야 하는 데 문제는 3시간이 지나면 환자가 정신이상을 보이며 발작할 수 있다는 점이다. 이른바 액팅 아웃acting out이라고 하는 행동화 현상 인데, 갑자기 폭력을 휘두르고 연결된 혈관을 다 뽑아내면서 마치 딴사람처럼 거칠게 반항한다.

이렇게 치료도 힘들고 수술도 위험한 질환이어서, 아무리 돈 많 은 부자라 해도 1년 반 동안 전 재산을 쏟아붓다 결국 가정이 파탄 나는 경우를 많이 보았다. 오랫동안 중환자실에서 보내다 다행히 상태가 호전되면 일반병실로 올라가는데 그마저도 금방 다시 악화 되곤 했다. 그야말로 살아 있어도 살아 있는 게 아닌, 고통의 연속 이다.

이용각 교수님은 신장이식 성공을 바탕으로 다음은 간이식에 도 전할 계획을 세웠다. 사전 실험 대상은 개였는데 역시 상당히 많은 인력이 협동해서 집중해야 하는 어려운 수술이었다. 수술을 마친 개가 의국에 옮겨지고 나면 고통을 못 이긴 비명소리가 전 의국에 울려 퍼졌다. 그 처절한 소리를 매번 듣는 것도 괴로웠지만 기타 후속조치도 여간 힘든 것이 아니었다. 무려 18번에 걸쳐 개를 상대로 한 간이식이 시도되었지만 결국 좋은 결과를 얻지 못했다.

　1960~1970년대의 의료 환경을 생각해보면 열악하기 이를 데 없다. 1961년에 신축 개원한 명동성모병원을 제외하면, 다른 병원과 의원들은 여전히 낙후된 시설과 부족한 인력으로 고충을 겪고 있었다.

　중림동에 있는 요셉병원은 명동성모병원 산하 병원인데 나는 요셉병원에서도 잠시 인턴 근무를 했다. 한 번은 저녁시간에 맹장 천공 환자가 응급으로 들어왔다. 급히 준비를 갖추고 막 수술에 들어가 진행하려는 참에 갑자기 정전이 됐다. 당시는 전력 사정이 불안했던 시절이라 종종 정전이 되곤 했는데, 하필이면 수술 중에 정전이 된 경우는 처음이었다. 다들 갑작스런 상황에 손전등을 찾느라 분주했고 겨우 찾아낸 손전등으로 수술 부위에 맞춰 조준하고 비추는 등 야단법석 끝에 수술은 어찌저찌 마무리되었다.

　요셉병원에는 20명가량을 수용할 수 있는 갱생원도 있었다. 서울 시내의 행려병자를 구출하여 병원으로 이송해온 이들이 머무는 곳이다. 상당 기간 길거리에 방치되어 있던 탓에 건강 상태는 말이 아니었다. 아무도 관심두지 않는 곳이었는데 갱생원을 방문한 나는 충격적인 현실과 마주하게 되었다. 약 스무 명 남짓한 환자들이 아마도 수십 년은 묵은 듯한, 때에 찌든 뻣뻣하고 두꺼운 이불을 덮고 누워 있었다. 대부분이 당시 전국을 휩쓸던 결핵에 감염된 환자들이었다. 결핵은 3기에 이르면 피를 토하는데 그 각혈은 무서운 전염력을 갖고 있다. 뿐만 아니라 각혈로 기도가 막히는 경우도 종종 있었다. 지금은 석션suction이라는 전기 흡입세척기가 있지만 당시는 스무 살쯤 되어 보이는 청년이 발로 펌프질을 해서 각혈을 뽑아내는 원시적인 방법으로 그들을 돕고 있었다. 심지어 그중에는 다리가 부러졌다가 기적적으로 붙은 환자도 있었다.

정말 이런 세상이 있나 싶은, 비극적 현실이 눈앞에 펼쳐지고 있었다. 1인당 GDP가 300달러도 안 되는 국가의 현실을 그대로 보여주는 환경이었다.

덕적도의 명의가 되다

당시 레지던트 2년차가 되면 외과에서는 마취하는 법을 비롯해 정형외과, 흉부외과의 웬만한 과정을 다 배운다. 그 다음부터는 뭐든지 혼자 할 수 있게 된다. 마취도, 일반적인 수술도 가능했다. 그렇게 되면 분원 파견이 배정된다. 가톨릭의료원에는 외지에 떨어져 있는 분원이 많았다. 예를 들어 백령도, 덕적도, 태백, 장성, 부여 등지인데 이들 지역에 혼자 파견을 나가 그야말로 일당백의 업무를 감당해야 했다.

2년차 말이 되자 나를 포함한 레지던트 세 명이 외지로 나갈 차례가 되었다. 파견지는 대전과 수원, 덕적도 세 곳이고 출발 날짜는 1월 2일, 추위가 매서운 한겨울이었다. 당시 주임교수였던 김희규 교수님께서 우리를 불렀다. 김희규 교수님은 경성의전 주임교수 백인제 박사의 동서이고 백병원 원장을 지낸 분이다. 연구실에 들어서니 평소의 교수님답지 않게 종이에 사다리를 그려놓고 각자 하나씩 고르라고 하셨다. 너희 셋 중에 한 사람은 무조건 덕적도에 가야 한다면서. 지금은 1시간 거리지만 그때는 배를 타고 4시간 동안 가야 하는, 인천에서 서쪽으로 멀리 떨어진 아득한 섬이었다. 다들 서로의 얼굴만 번갈아보고 있었다. 한마디로 추운 겨울에 아무도 가고 싶지 않은 것이다.

짧은 정적을 깨고 내가 나섰다.

"교수님, 덕적도에는 제가 가겠습니다. 그리고 나머지는 너희 둘이 알아서 나눠 가는 걸로 하자."

서로 난감했을 파견지를 자청해 가겠다는 내 말에 교수님도 동료도 매우 반색했다. 그렇게 덕적도에서의 근무가 시작되었다.

1월 2일 인천 연안부두에서 여객선을 타고 출발했다. 인천항을 떠나 영종도를 지나서 영흥도라는 섬을 돌아설 때 배가 요동치는 지점에 이르니 사람들이 갑자기 토하고 난리도 아니다. 4시간 만에 덕적도에 도착했다. 덕적도는 서해안에서 서너 번째로 손꼽을 만큼 큰 섬이다. 덕적도에는 서포리, 진리, 북리, 세 개의 항구가 있는데 여객선이 정박할 수 있는 곳은 진리뿐이다. 내가 부임할 병원은 진리에서 산 하나를 넘어가야 하는 서포리에 있었다. 6개월치 짐을 꾸렸으니 꽤 큰 트렁크였는데, 그것을 둘러메고 한 시간 반을 걷느라 한겨울임에도 땀범벅이 된 채로 서포리 병원에 도착했다.

병원에는 미국 메리놀외방선교회 출신의 베네딕토 신부님*이 혼자 계셨다. 이제 그곳의 원장이 된 나는 병원 옆의 원장 사택에 입주했다. 병원에는 그래도 엑스레이와 엑스레이 기사도 있고, 일을 돕는 로사라는 어린 중학생도 있었다.

다음날 아침, 환자복을 입은 사람이 진료실에 나타났다. 손에는 파란 파스 통을 들고 있었다. 결핵 약통이다. 그는 다짜고짜 이제 당신이 원장으로 부임했으니 지하실에 사는 결핵 환자를 보러 올 것인지, 그리고 카나마이신(항생제, 항결핵제)을 놓아줄 것인지 똑바로 대답하라고 다그쳤다. 대체 무슨 상황인지 미처 파악이 안 돼 머뭇거리는 사이, 환자는 파스 깡통을 진찰대 위에 거칠게 올려놓았다. 일부러 그랬는지 실수였는지 모르겠으나 그 바람에 깡통에 담겨 있던 각혈이 쏟아졌다. 결핵 환자의 각혈에는 강력한 전염성 결핵균이 있다.

느닷없는 봉변이었지만 나는 최대한 평정심을 유지하면서, 내일 아침 회진은 가겠지만 카나마이신 처방은 차후 고려해야 한다고 대답했다. 카나마이신이 귀한 약품이기도 했지만 처방은 제대로 정황을 파악한 다음 내려야 했기 때문이다. 다음 날 아침 지하실에 내려가니, 지하실이라기보다는 그냥 맨땅에 놓인 기둥들에 빨래를 칸막이 삼아 20여 명이 살고 있었다. 가족과 사회로부터 버려진 사람들이었다.

그들은 내가 회진 약속을 지킨 것에 다들 놀라워하는 눈치였다. 지금껏 어떤 원장도 얼굴을 비춘 적이 없다는 것이었다. 이야기를 나눠보니 그들은 세상에서 버려진, 냉정히 말하면 빨리 잊혀야 할 존재들이었다. 그러한 처지인지라 수시로 사망 환자가 발생했다. 지금도 눈에 선한 눈물겨운 풍경 하나는 한겨울 눈이 펑펑 쏟아지던 날, 사망한 환자의 시신을 힘없는 결핵 환자들이 메고 매장하러 산을 오르던 장면이다. 거세게 부는 바람을 맞으며 들것을 들고 눈더미를 힘겹게 헤치고 가던 사람들이, 한순간 휘청하더니 시신과 함께 산 아래로 굴러 떨어지고 말았다. 정말 처절한 광경이었다. 그 시절의 결핵 환자들은 그렇게 국가와 사회로부터 어떤 도움도 받지 못하는 비참한 삶을 살았다.

부임한 지 얼마 지나지 않아 맹장염 환자가 찾아왔다. 맹장염 수술은 자신 있었다. 특히 파견 나오기 전 세 달간 마취를 숙련했기 때문에 마취도 두렵지 않았다. 문제는 기구와 장비가 전무하다는 것이었다. 그런 상황에서는 숙련된 사람이 아니면 안정된 마취를 장담하기 어렵다. 열악하고 어려운 환경이었으므로 실도 소독하고 기계들도 소독한 후에 환자를 마취시켰다. 이웃 분교의 수위 아저씨를 불러서 마취 환자의 호흡을 도와주는 앰부백AmbuBag을 잡게 해 환자의 호흡을 유지했다. 이제 마취 상태를 지켜보며 약물을 조절해야 하는데, 수술 준비도 하고 수술도 진행하며 이 모든 것을 병행하자니 순조로운 마취는 애초 불가능한 상황이었다. 마취가 선행되어야 뱃속이 편안해져 수술하기가 용이한데 마취가 불안정하니 창자가 자꾸 밖으로 튀어나오는 바람에 수술은 점점 힘들어졌다.

명동성모병원같이 모든 수술준비가 완비된 환경에 익숙해 있다가 돌발 상황에 놓이니 그에 맞는 대처법을 찾는 게 급선무였다. 맹장수술은 제대로 했지만 후처치가 문제였다. 출혈을 방지하는 지혈에 쓸 정식 패드가 없어서 4×4 거즈를 사용할 수밖에 없었다. 4×4 거즈는 물에 젖으면 손톱만 한 크기로 줄어들고 뱃속의 기름과 만나면 도저히 찾을 수가 없어진다. 어쨌든 그렇게 우여곡절 끝에 수술을 마쳤다.

다음날이 되었다. 어쩐 일인지 환자의 배는 팽팽하고 환자는 계속 불편을 호소한다. 필시 뱃속에 이상이 있다는 얘기다. 반사적으로 4×4 거즈 이물질이 남아 있다는 의심이 들었다. 결국 다음 날 개복수술을 했고 3개의 거즈를 찾아내 제거한 후에야 환자는 회복되었다. 그날 이후로 손바닥만 한 섬에서는 '이번 원장은 맹장 수술조차 못하는 사람이 왔다더라'는 소문이 파다하게 퍼져 나갔다.

일주일이 지났다. 태풍주의보, 풍랑주의보가 내려지면 섬은 육지와 절연된 별개의 세상이 된다. 현재는 유명 관광지가 되었다지만 오래전엔 인적이 드물었던 풍도라는 섬이 있었다. 선착장이 없어서 파도가 심하면 고깃배들이 돌아와도 자기 집에 갈 수 없는 슬픈 사연을 지닌 섬이다. 승봉도의 천주교 회장이 배가 아프다며 태풍주의보를 뚫고 쪽배를 타고 병원에 왔다.

엑스레이를 찍으니 위장 천공이었다. 다시 말해 위에 구멍이 났다는 말이다. 2년차 레지던트 신분이던 나로선 위 수술을 해본 적이 없고 제1조수조차 서본 적이 없었다. 게다가 현재 병원에는 링 거액이나 혈액도 없었다(섬에는 미신이 만연해서 헌혈을 해달라고 하면 죄다 도망가기 바빴다).

환자의 상태는 점점 나빠지고 나는 우두커니 보고만 있는 상황 인데 베네딕토 신부님이 내려오셨다.

"정말 수술은 불가능한 상황인가요?"

"그렇습니다. 위 수술은 전혀 해본 적도 없고 참관한 적도 없어 서요."

"그럼 이 환자는 어찌 되는데요?"

"결국 사망하게 될 겁니다."

"그럼 이대로 지켜보기만 해야 한다는 말입니까?"

"………."

"만약에, 위 수술 경험은 없지만 그래도 책이 있으니 그걸 참고 로 수술한다면 성공할 확률은 얼마나 될 것 같아요?"

"글쎄요, 한 50퍼센트쯤 될지 모르겠습니다."

"50퍼센트의 확률이라면 해야 하지 않겠어요? 어차피 지금으로 선 이대로 두면 100퍼센트 사망이라면서요."

신부님 말씀이 맞다. 결국 해보겠다고 말씀드렸다. 수술 기구라 고는 아무것도 없었지만 그나마 쓸모 있어 보이는 몇몇 기구들을 준비하고 로사와 중학생 2명을 더 불러와 수술 준비를 했다. 점심 부터 시작한 준비 작업은 저녁 8시에서야 마무리되면서 10시부터 수술이 시작됐다. 한 번도 해보지 못한 수술을 도감을 보아가며 시도해야 하는, 정말 황당한 사태였다.

일반적인 상황이라면 두세 시간이면 가능했을 수술은 무려 8시간이나 진행된 끝에 새벽 6시가 되어서야 끝났다. 어쨌든 수술은 마무리했지만 예후가 어떨지 도무지 자신이 없었다. 위 절제 부위가 연결이 잘 안 됐으면 십이지장액이 새 나올 수도 있는데, 그렇게 되면 복막염 위험이 있어 배액튜브를 많이 넣고 나왔다. 그리고 신부님께 설명했다.

"이 튜브를 잘 지켜봐야 합니다. 여기서 노란 물이 나오면 담즙이 나오는 것이라 그때는 방법이 없습니다."

사흘 후, 문제의 그 노란 물이 보이면서 비상이 걸렸다. 그 사이 남은 링거까지 다 써버려 환자는 먹지도 못하고 링거도 맞지 못해 진퇴양난에 빠졌다. 아무래도 서울 집에 전화해서 혈액이든 수액이든 빨리 보내달라 요청하는 수밖에 없었다.

당시 덕적도에서 인천과 통화하려면 진리까지 가야 했다. 그 통화라는 것조차 하루 중 오전 10시부터 30분간만 가능했다. 나는 다음 날 일찌감치 출발해 한 시간 반 산길을 넘어가 10시 전부터 인천을 호출하기 시작했다.

"여기는 진리, 진리, 인천 나와라 인천 나와라." 계속 무한 반복해서 호출한 끝에 거의 20여 분 만에 삐 소리와 함께 마침내 "여기는 인천, 진리 나와라" 반가운 소리가 들렸다. 이어 청량리 집에 어머니와 연결이 닿자마자 나는 그간의 정황을 쏟아내며 큰일 났으니 혈장과 기타 등등을 빨리 보내주십사 요청을 드렸다. 의사 남편을

둔 간호사 출신의 어머니는 아들의 다급한 사정을 금방 알아차리셨다. 수액과 플라즈마(혈장: 혈액에서 원심력으로 혈구를 제거한 것으로 혈액의 대용품임)를 준비해서 다음 날 9시에 관광 여객선에 실어보내기로 하셨다.

한숨 돌렸다 싶어 안도했지만 끝까지 변수는 남아 있었다. 다음 날 어머니가 인천 연안부두에 도착한 시각은 9시 5분. 정시에 출발한 배가 막 항구를 떠나고 있었다. 이쪽의 긴박한 상황을 누구보다 잘 알았던 어머니는 곧장 인천 해안경비부에 달려가 사정을 말하고 쾌속정으로 여객선을 따라가 줄 것을 요청했다. 해안경비부도 흔쾌히 배를 출동시켰다. 그러나 때마침 썰물을 따라 여객선이 예상보다 빨리 빠져나간 바람에 도저히 따라잡을 수 없었다 한다. 그날 저녁까지 진리 선착장에서 기다렸던 나는 헛걸음할 수밖에 없었고 결국 다음 날에서야 수액과 플라즈마를 받았다.

며칠 후 다시 풍랑주의보가 내려진 와중에 이번에는 맹장 수술을 거들어주셨던 분교 수위아저씨가 위장 천공으로 병원에 왔다. 조수도 서보지 못했던 위 수술을 일주일 새 두 차례나 하게 되다

---

* 베네딕토 즈웨버(Benedict Zweber) 신부

한국명 최분도 신부. 1960년대에 덕적도에 부임해 선교활동뿐 아니라 가난과 질병을 극복하기 위해 헌신했다. 20대에 부임한 젊은 사제는 주민에게 다가서고자 본명인 베네딕토를 한자로 음차한 분도(分道)라는 이름을 썼고, 사제복을 벗고 볏단이 가득 실린 지게를 졌다. 육지와 멀리 떨어진 섬에 사는 환자들이 안타까워 오래된 미군 함정을 사 병원선으로 개조했는데 이것이 한국 최초의 해상순회 진료선인 '바다의 별'이다. 의사, 간호사와 함께 '바다의 별'을 타고 서해 도서를 오갔던 최 신부는 덕적도 유베드로병원과 연평도 복지병원 설립, 전기·상수도 보급, 간척사업 등 의료복지 및 생활 개선을 위해 노력했다. '서해안 슈바이처'라고 불렸던 그에게 1971년 국민훈장동백장이 수여됐고 덕적도에는 주민들이 세운 공적비가 남아 있다.

니, 이번에는 막힘없이 수술 준비가 진행됐다. 한 차례의 호된 경험은 모든 것을 수월하게 만들어주었다. 수술도 예상보다 빨리 6시간 만에 나름 깔끔하게 매듭지었다. 이제는 결과를 기다리는 일만 남았다.

첫 번째 케이스였던 천주교 회장님은 분명 자신이 부활절 부활 미사에 참석할 수 있으리라 확신하고 계셨다. 그러나 복부에 삽입된 배액관에서는 노란 담즙이 새 나오고 있었다. 가만히 생각해보니 배액튜브를 봉합 부위 근처에 두면 음압이 걸려 계속 더 샌다고 하셨던 선생님 말씀이 떠올랐다. 조심스레 배액관을 줄여 나가기 시작했다. 그 사이 두 번째 환자는 일주일 만에 완쾌돼 퇴원했고 감사의 표시로 닭도 잡아주셨지만 여전히 내 마음은 첫 번째 환자 때문에 편치 않았다. 아무튼 연달아 성공한 쾌거에 덕적도에는 이번엔 정말 명의가 찾아왔다는 칭송이 자자하게 퍼졌다.

이런 진료 에피소드 말고도 덕적도는 다채로운 기억과 추억을 심어준 곳이다.

섬은 해양성 기후이기 때문에 영하 18도까지 내려가는 추운 겨울에도 가죽점퍼를 입고 흐드러지게 핀 해당화를 보며 모래사장에서 낮잠을 잘 수 있다. 도시 사람인 내게 더 재미있는 놀이는 조개잡이와 낚시였다. 조석간만이라는 지구 인력의 차이로 인해 보름 동안 밀물 썰물이 일어난다. 신문과 뉴스에는 항상 밀물과 썰물 시간이 나오며, 사리와 조금이라는 15일 간격의 밀물 썰물이 8마, 9마(8일째, 9일째)에 이르면 간만의 차가 가장 커진다. 즉 가장 많이 밀물이 들어왔다가 가장 많이 썰물이 빠지는 시간이다.

특히 화창한 날이면 조개, 소라 등등이 대거 따라 나온다. 썰물이 시작되면 조개나 소라 같은 생물들도 자기 고향으로 돌아가는데 이때 그것들을 실컷 잡을 수 있다. 나는 그 재미에 빠져 정신없이 잡아서는 물웅덩이를 파고 조개를 모아두곤 했다. 한창 열중하다 보면 웅덩이에 모아둔 조개가 없어졌다. 조개가 입을 활짝 열고 닫으면서 껑충 뛰어 웅덩이를 탈출하는, 믿기 힘든 광경이 펼쳐졌다. 정말 재미있지 않은가? 그날 잡은 조개와 소라는 한 끼 식사로 충분하고도 남았다. 자연이 선사한 건강하고 싱싱한 식재료다.

섬에는 사연이 많다. 선원 열 명쯤이 타는 고기잡이배를 중선이라 부르는데, 침몰하여 못 돌아오는 경우가 허다했다. 그렇다 보니 섬에서는 여자가 모든 것을 주도한다. 남자는 고기잡이 외에는 술 마시고 마작하는 것이 고작일 뿐 다른 일에는 관심이 없다. 정말 아이러니한 것은 섬에는 생선이 없다는 사실이다. 고기잡이를 나간 배가 만선이 되면 인천항으로 가 모두 인천에 내려놓기 때문이다. 그래서 섬에서는 물고기 대신 김이 먹거리가 된다.

섬에서는 북한과 남한의 경계도 무색하다. 덕적도 주변에는 섬들이 많은데 문갑도, 선미도, 풍도 등의 섬들을 일컬어 덕적군도라고 부른다. 물고기를 잡아 생계를 해결하는 섬사람들에게 어로저지선 NLL은 유혹의 경계선이다. 그것만 넘어가면 어류가 득시글하니 좀처럼 유혹을 떨치기 어렵다는 것이다. 한 번 들어가면 바로 만선인데 그러다 북에 덜미가 잡히기도 한다. 잡히면 해주로 끌려가고 그러고 나서부터는 대략 일주일간 붙잡혀 계속 북한에 남을 것을 회유 당한다.

10톤가량의 중선에는 대략 선원 열 명이 타고 그중 한 사람은 조타실이 있는 브릿지에서 배를 지키는 역할을 한다. 보통 젊은이 하나를 태우고 반기술이라 해서 품삯을 반만 준다. 이 어리고 젊은 사내는 북의 회유에 쉽게 넘어간다. 예쁜 여자와 결혼도 시켜주고 김일성대학도 보내준다 하니 돌아가봤자 딱히 희망도 없는 처지와 비교해 잔류를 택하는 것이다.

일주일간의 회유에도 넘어오지 않는다 싶으면 그 배에 잡은 물고기 다 싣고, 광목도 실어 돌려보내준다. 그러니 잡혀도 상관없고 어찌 보면 오히려 더 낫다고 할 수도 있을 것이다. 지금이야 그렇지 않겠지만 당시만 해도 그런 식으로 북한에 갔다 온 사람이 부지기수라는 말을 들었다. 다만 그중에 몇몇은 간첩이 되었는데 사람들은 또 누가 간첩인지 빤히 알 수 있었다는, 그런 세상이었다.

섬은 어쩌면 차별적 세상이다. 소주도 진로소주 대신 싸구려 소주가 있고 정종도 마찬가지로 맛없는 싸구려 정종만 있을 뿐이다. 섬에는 바위가 많다. 항상 바람도 많다. 세차게 부는 바람은 바위와 바위 구멍을 통과하며 마치 뱃고동이나 배 엔진 소리 같은 소리를 내곤 한다. 그 소리에 많은 섬사람들은 두려움과 착잡함에 빠진다. 혹시 먼저 간 남편이, 떠난 자식이 나를 찾는 것인가 싶어서다. 그로 인해 다시 미신이 생겨나는 것이다. 숱한 조난사고의 운명을 감내하며 사는 섬사람들은 샤머니즘에 대한 공포와 믿음이 대단하다. 사리, 조금, 보름마다 배들은 고기잡이를 나간다. 출항 시에는 배에 모든 만장(깃발)이 다 걸리고 무당의 화려한 굿이 펼쳐진다. 그렇게 보름간 안전한 항해와 선원들의 무사귀환을 기원한다.

어느덧 봄기운이 만연해지고 부활절 축제를 지나면서 떠날 시간이 다가왔다. 모든 사람이 이별을 아쉬워했다. 덕적도 천주교 서 회장님, 이장님 그리고 엑스레이 기사 등 정다운 사람들과 작별할 시간. 병원 소속의 배 '바다의 별'을 타고 인천에 가기 위해서는 모래사장을 걸어가야 한다. 30분 거리지만 상당히 긴 시간이었다. 특히 6개월 동안 함께 일하며 정들었던 로사는 연신 눈물을 흘렸다. 다들 인천까지 나갔다 오겠다고 해서 함께 '바다의 별'에 승선했다. 자동차나 기차와 달리 배는 출발이 아주 느리다. 서회장께서 "윤원장, 운다 울어" 하고 놀려대기 시작했다. 이별의 아쉬움에 도저히 울음을 참을 수가 없어 서로를 붙들고 한바탕 울었다. 그렇게 많은 추억과 그리움을 남기며 6개월간의 덕적도의 생활이 마무리되고 있었다.

외과 의사로 가는 길

레지던트 시절의 밀착수업

그 사이 아버지는 가톨릭의대와 성모병원을 퇴직하고 필동성심병원을 세워 초대 이사장 겸 병원장으로 취임하셨다.

당시 명동성모병원은 대한민국 최고의 병원이라는 명성이 자자했다. 그렇게 되기까지는 전적으로 아버지의 공이 컸다. 후배들을 선진국 의료현장에 유학 보내고, 독일과 미국 등지에서 공부를 마친 쟁쟁한 전문의들을 영입하고, 기초의학 분야에서도 국내 최고인 선배들을 모셔왔다. 특히 내과에 전종희, 외과에 김희규, 장기려, 이용각, 정형외과에 정일천 교수를 초빙하여 철저한 임상교육에 힘을 쓰셨다. 덕분에 외과교실에 포진된 내로라할 교수진은 매일 학생 및 수련의들과 강의, 연구, 회진, 임상을 함께 뛰며 열정적으로 지도했다. 연간 1500여 건에 달하는, 전국에서 가장 많은 환자 수술이 이루어지는 현장이었다.

그 외과교실의 최고 수혜자라면 바로 내가 아닐까 싶다. 윤덕선의 아들이라는 태생적 특혜 덕분에 기라성 같은 교수진에게서 일대일 가르침을 받을 수 있었던 것이다.

수술을 잘하려면 두 가지가 필요한데 하나는 천부적으로 타고나야 하는 손재간, 나머지 하나는 경험치다. 이때의 경험이란 어떤 환경에서 어떻게 배우느냐에 좌우되는데, 혼자 노력으로 배우고 익히는 데는 한계가 있다. 시간도 오래 걸리고 실수도 잦을 수밖에 없다. 이 부분에서 나는 금수저를 물고 태어난 셈인데 아버지 덕분에 최고의 대가들을 가정교사처럼 모시고 현장에서 직접 지도받는 특혜를 원 없이 누렸던 것이다.

예를 들어 위암 환자의 수술도 하루에 두 건을 진행했는데 오전에는 교수님이 수술을 집도하고 내가 제1조수로 수술법을 배운다. 그런 다음 오후에는 내가 집도의가 되고 교수님이 조수를 서주시는 식이다. 그렇게 밀착 수업을 받은 사람은 나밖에 없었다. 게다가 성모병원과 자선병원은 수술 건수도 독보적이라 할 만큼 엄청났지만 희귀한 질환의 환자도 많았기에 수술 현장에서 익힌 나만의 임상 경험은 이후 외과 의사로서 실력을 키우는 바탕이 되었다.

사람들은 내가 술기를 타고났다고 하지만 그건 천부적 자질이라기보다 이렇게 대가들께 직접 전수받은 시간과 노하우 덕분이라고 생각한다. 결과적으로 나는 수술 잘하는 전문의로 소문이 났다. 예를 들어 외과에서 제일 큰 수술인 휘플수술Whipple operation의 경우 암이 췌장의 머리 부분에 생겼을 때 시행하는 수술인데, 췌장의 머리와 십이지장, 소장 일부, 위의 하부, 총담관과 담낭을 절제한 뒤 남은 췌장 담관 및 위의 상부에 소장을 연결하는 수술법이다. 수술의 난이도가 높아서 요즘에도 보통 10시간 정도 걸린다. 당시에는 대략 12시간, 때에 따라서는 하루 종일 걸리기도 했는데 나는 오전에 4시간, 오후에 4시간씩 하루에 2건씩을 해치웠다. 그만큼 수술은 자신 있었다.

그렇게 되기까지는 내 성격도 일조를 했다고 생각하는데, 비록 한편에는 태평이 같은 여유로움이 있지만 다른 한편으로는 지나칠

| 1977년 가톨릭 의과대학 대학원 졸업식에서

정도로 꼼꼼한 면도 있었다. 아마도 처음엔 생물 채집단에서 그런 자질이 발휘되었을 것이고, 사람의 생사에 관여하는 의사가 되고부터는 더더욱 무엇 하나 설렁설렁해선 안 되는 현장에서 살았으니 갈수록 강화되었을 것이다. 사소한 실수 하나가 바로 생명과 직결되는 수술 현장에서는 이런 성격이 분명 직업적으로도, 환자에게도 도움이 됐을 터라 새삼 감사하게 느껴진다.

3장

의사 윤대원

천부적인 외과 의사 윤대원

　　그때는 일하는 것이 너무 재미있어서 잠자는 것이 아쉬울 정도였다. 특히 한강성심병원이 운영하던 100병상 규모의 자선병원에는 전국의 온갖 희귀한 질환, 난치병, 선천적 기형 장애를 가진 환자들이 몰려들었다. 이때의 경험은 이후 외과 의사로서 현장을 해결해 나가는 데 근원적인 바탕이 되었다.

　　당시 1970년대에는 생활고 때문에 양잿물로 자살을 시도하는 사람이 많았다. 일단 양잿물을 들이키면 그것이 식도를 녹여서 이후부터는 입으로 식사를 할 수 없게 된다. 그러면 우측 대장을 흉부 아래로 빼 올려 식도에 붙여주는 대치 수술을 해야 하는데 말할 것도 없이 굉장히 어려운 수술이다. 한 번은 선배 교수가 집도를 하고 내가 조수를 섰는데, 처음 해보는 수술인지라 보기에 좀 위험해 보였다. 대장을 끌어올릴 때는 이어지는 혈관을 잘 살려주는 것이 관건인데 그런 인식이 없는 듯했다. 기계적으로 연결하는 데 집중해 혈관이 무사히 연결됐는지까지는 살피지 않고 마무리하고 끝내는 것이었다. 그것이 계속 마음에 걸렸지만 집도의의 진행에 토를 달기는 어려운 정황이었다. 결국 환자는 수술 후 패혈증이 나타나 중태에 빠졌다. 저녁 식사 때 중환자실의 콜을 받고 달려갔더니 역시 혈관 부분에서 문제가 생겨 괴사가 시작되고 있었다. 특히 대장이란 장기는 오염을 극도로 주의해야 하는 곳인데 혈액 순환이 정체되면서 순식간에 패혈증이 생긴 것이다. 안타깝게도 환자는 다음 날 사망하고 말았다.

지금도 기억이 생생한 환자로는 배꼽탈출omphacele로 인해 복부 전체가 간을 포함하여 밖으로 튀어 나온 아기의 경우다. 선천적으로 복부의 장기가 배꼽 구멍을 통해 돌출돼 얇은 조직층으로만 덮여 있는, 솔직히 말하자면 책에서도 본 적 없는 환자가 내 앞에 와 있었다. 이런 경우는 피부로 장기를 덮어주는 수술을 해야 하는데 도저히 피부가 모자라 커버할 수 없을 것 같았다. 그래서 생각 끝에 양쪽 옆구리에 릴랙싱 인시전relaxing incision을 시도했다. 즉 옆구리를 절개해 당겨서 와이어로 간신히 닫는 편법을 썼는데, 다행히 그 방법이 효과가 있어서 아기는 무사히 퇴원했다.

그 외에도 항문이 없는 아이들의 수술 등 그 시절의 모든 경험은 나같이 젊은 외과 의사에게는 정말 엄청난 기회이자 배움이었다. 나는 성모병원 레지던트 시절에 이용각 교수님에게 배운 대동맥류 인공판막 이식술, 각종 혈관수술도 거침없이 시행했다.

3년 전쯤 편지 한 통을 받았다. 당시 수술했던 아기의 아버지로부터 온 편지였다. 항문이 없이 태어나 죽겠다 싶었던 아기가 선생님 덕분에 살아나 지금 40세가 되었다고, 지금까지 건강히 살고 있는 것은 모두 선생님 은혜라고, 감사하다는 인사를 40년 만에 받아 감개무량했다.

온갖 수술을 섭렵하며 테크니션으로서의 자질을 확인하고 단련한 시간은 의사로서의 보람과 희열을 가져다준 순간이자 나 스스로 천생 타고난 외과 의사임을 확인한 시간이었다. 하지만 여기서 만족하고 안주하기에는 아직 경험하고 싶은 것이 무궁무진했다. 물론 현장에서의 경험도 유익했지만 이제는 선진 의료 환경에서 좀 더 다양한 경험을 하고 수준 높은 외과 수술도 배우고 싶다는 욕심이 생겼다. 한 단계 올라설 때가 되었다는 자각과 확신이 들었던 것이다. 나는 아버지에게 내 결심을 말씀드렸고, 그렇게 하여 미국 컬럼비아대학병원 외과로 연수가 결정되었다.

선진 의료를 경험하다

컬럼비아대학의 외과학 교실

1979년 2월 초순, 매서운 겨울바람이 맨해튼 고층 건물
들 사이를 휘젓고 있었다. 난생 처음 발을 디딘 뉴욕의 첫인상은
온통 춥고 음산한 풍경이었다. 나는 컬럼비아대학병원 외과 주임
교수 키스 렘즈먼Keith Rhemthman의 외과 펠로우십에 합류하기로
돼 있었다.

키스 렘즈먼 교수는 6.25 당시 미국의 많은 군의관처럼 한국전
쟁에 참전했던 분이다. 한국전쟁 당시 미군의 야전외과병원에서
벌어지는 일들을 다룬 유명 드라마 매쉬MASH(무려 256부작)의 실제
주인공이기도 했다. 뉴욕대학의 프랭크 스펜서 주임교수도 역시
한국전쟁에 참전했는데, 그런 인연들이 닿아 컬럼비아대학 외과학
교실로 가게 됐다.

먼저 뉴욕에 와 있던 대학 선배인 이광학 교수님이 나를 픽업해

대학으로 데려다주셨다. 렘즈먼 교수님을 기다리는 동안 아침 식사나 하자 해서 식당에 갔다가 자판기를 처음 봤다. 당시 우리나라에는 자판기는 물론 에스컬레이터도 없었던 때라 내 눈엔 낯선 기계에서 비닐에 싼 빵이 툭 나오는 것이 신기했다. 다만 신기한 것은 잠깐이고 '아니, 명색이 미국엘 왔는데 첫 식사치고는 참 형편없구나' 내심 이런 마음이 들었다.

이윽고 교수님과 면담이 시작됐다. 교수님의 첫인상은 한마디로 거인 같았다. 내 키가 180센티미터이니 작은 편은 아닌데, 교수님은 족히 190센티미터는 되는 것 같았다. 가까이 마주앉고 보니 작은 얼굴에 눈은 황소만 했다. 호기심 어린 표정으로 나를 주시하던 형형한 눈빛이 지금도 생각난다.

그 자리에서 간략히 연수의 목적을 말씀드렸다. 나의 아버지는 외과 의사인데 한국 정부 지원으로 코네티컷주 뉴헤이븐의 브리지포트 병원에서 2년 반 함께하신 적이 있다, 나 역시 외과 의사로서 배움이 필요하고 돌아가면 병원 운영에도 관여해야 하는 입장이다, 그러니 미국의 선진 기술은 물론 첨단 수술과 병원 경영도 필수적으로 배워야 한다고 설명했다. 내 얘기를 다 들은 교수님은 우선 연구부터 시작해보자고 하셨다.

당시 컬럼비아대학병원은 영국 런던대학병원으로부터 아일렛셀islet-cell이라는 췌장 도세포 이식술을 실험 중이었다. 도세포는 췌장에서 인슐린을 분비하는 세포인데, 병아리 도세포를 채취해 마우스의 간에 정착시켜 인슐린 분비를 유도함으로써 당뇨병을 제어하는 아주 흥미로운 연구였다. 다만 도세포 이식술은 이종이식異種移植(hetero graft)이어서 급성 거부반응이 동반된다. 마우스 개체에 병아리라는 근본이 다른 개체 세포가 들어오니 거부반응은 필연적인데, 문제는 이를 막아주는 효과적인 면역억제제가 아직 개발되지 않았다는 것이었다. 그러니 당연히 실패 확률이 높았다.

며칠 후 교수님이 연구실로 나를 불렀다. 매력적인 연구 프로젝트가 있으니 한 번 도전해보겠느냐고, 당신이 런던에서 배워 온 것으로 췌장의 도세포를 다른 당뇨병 개체에 이식하는 실험이라고 했다. 일찍이 국내 최초로 신장이식 수술에 성공한 이용각 교수님에게서 특훈을 받기도 했고 그러잖아도 장기이식에 관심이 많던 나로서는 그 기초를 확실히 익힐 수 있는 기회를 마다할 이유가 없었다. 이렇게 해서 도세포 이식술에 대한 도전이 시작되었다.

실험 과정을 설명하자면, 부화 전 병아리의 췌장에서 도세포를 추출해 마우스의 간에 이식하는 것인데 말은 간단하지만 한 번의 실험을 위해서는 대략 80마리의 병아리가 희생된다. 부화기에 넣은 알은 21일이면 부화되는데, 우리 실험은 그전에 19일이나 20일쯤 된 알이 대상이다. 계란을 불빛 위에 올려놓고 보면 계란 껍데기 안으로 핏줄들이 비쳐 보인다. 그 껍질을 조금씩 떼어내면서 껍질 속 핏줄에 면역 저하 주사를 놓는다. 나중에 있을 거부반응을 없애기 위함이며, 거부반응이 나타나더라도 최소화하려는 사전작업이다.

그런 다음 이제 80마리 병아리들의 췌장을 떼어내 콜라겐 등과

섞는 등의 작업을 한다. 이 과정에서 병아리들은 다 죽는다. 이 작업을 마치면 현미경으로 들여다보면서 도세포를 추출하여 몇 시간 혹은 1~2일 배양 후 마우스의 간정맥에 주사를 놓아 간에 이식시킨다. 마우스는 보통 꼬리에 정맥이 있다.

이를 위해서는 사전에 당뇨 마우스를 준비해야 하는데, 마우스에게 스트렙토조신Streptozotocin을 주사해서 당뇨병을 유발시킨다. 스트렙토조토신은 췌장의 인슐린 분비를 멈추게 해 당뇨병을 일으키는 물질로 주로 실험체에 당뇨를 유도할 때 사용한다. 파우더 상태인 것을 희석시켜 주사액을 만드는데 이것은 일종의 발암물질이기도 해서 다들 이 실험을 꺼렸다. 실험 과정에서 가루를 흡입하게될 확률이 높으니 차후 암 발생의 가능성이 의심스러운 것이다.

게다가 도세포 이식은 생체에서와는 달리 체외(시험관)에서는 생존율이 떨어지므로 10시간 내내 실험을 지속해야 한다. 체외에 노출된 시간이 길어질수록 도세포는 생명력이 급속히 떨어져버린다. 그러니 최대한 그 시간을 단축하는 것이 관건이다. 결국 9시부터 5시까지 꼼짝없이 붙어 있어야 한다는 얘기다. 잠깐 쉬는 찰나에 어렵게 얻은 세포가 죽을 확률이 높아지니 어쩔 수 없다.

이런 살벌한 일정과 발암 위험을 감수해가며 진행해야 했으니, 너나 할 것 없이 기피하는 바람에 실험은 결국 내 몫이 되었다. 그전까지는 런던에서 배워 온 두 여성이 실험실을 지켰는데 내가 등장하자 기다렸다는 듯이 내게 떠넘겨버렸다. 그때부터 나는 9시부터 5시까지 줄곧 실험에 매달려 있었다. 고작 30분에 불과한, 식사하러 갈 시간도 없었다. 선임자들의 배려를 기대했지만 애초에 그녀들은 그럴 마음이 없었다. 처음에는 배가 고팠는데 점점 밥 생각이 없어졌다. 결국 온종일 아무것도 안 먹는 날이 많아졌다. 3개월 새 체중이 10킬로그램이 빠졌으니 내 몸을 얼마나 혹사했는지 짐작할 수 있을 것이다. 이상하게도 그 당시는 안 먹어도 전혀 배고프지 않았다.

돌이켜보면 무리한 실험이었다. 확실한 면역억제제가 받쳐주지 못한 상황에서 진행된 실험들은 결국 모두 실패했다. 하지만 그럼에도 당뇨병의 유일한 치료법인 도세포 이식술은 도전해볼 가치가 충분하다. 말하자면 나는 도세포 이식에 관해선 선구적으로 배운 셈인데, 이때의 경험을 바탕으로 귀국해서도 도세포 이식술을 계속 시도했지만 점점 경영에 깊이 관여해야 하는 입장이 되면서 불가피하게 중단되었다.

역사상 모든 새로운 발견과 개척과 탐험에서 익히 보아왔듯이 1987년 우리나라 최초의 췌장이식술 역시 시행착오도 많았고 준비도 부족했다고 생각한다. 거의 모든 이식수술이 급성 거부반응으로 실패한 것도 아쉬운 부분이다. 도세포 이식술은 현재도 지속적으로 진행되고 있지만 그 전망은 여전히 밝지 않다.

한편으로 미국 연수가 괴롭기만 한 것은 아니었는데, 요령껏 머리를 쓰고 궁리하면 의외로 쏠쏠한 경험을 할 수 있었다. 취업이 아닌 연수를 가면 급여가 전혀 없다. 그들 입장에서 나는 관심 대상이 아니고 관여할 필요도 없는 존재다. 하지만 나는 명색이 연수를 왔으니 뭐라도 배워가야 한다는 생각에 주변 상황을 관찰했다. 매일 아침 6시 반에 컨퍼런스를 하길래 나도 꼬박꼬박 참석했는데 두 달이 지나도록 양복차림으로 들어갔다. 실험실에서도 마찬가지였는데 구하지 않는 자 얻을 것도 없다고, 그들은 가운 하나 줄 생각이 없어 보였다. 이래선 안 되겠다 싶어서 병원을 둘러보니 매점에서 가운이나 명찰 등을 팔고 있었다.

미국에는 어텐딩 피지션 시스템Attending Physician System이라는 독특한 제도가 있다. 우리나라에서는 병원 건물에 검사실, 입원실 등을 갖추고 개원하는 것이 일반적이지만 미국의 개업의는 보통 책상 하나만 갖고 시작하는 이들이 많다. 환자를 진찰하고 약을 처방하는 간단한 업무 외에 검사나 수술 등은 어텐딩 피지션 시스템 계약을 맺은 병원으로 이관해 진행한다. 장소만 옮겼을 뿐 환자의 주치의로서 그 병원에 가서 수술과 처방 등을 책임지고 진행한 다음 그와 관련된 비용을 받는다.

컨퍼런스 회의실 입구에 그 어텐딩 피지션들의 가운을 모아놓는 방이 있었다. 꽤 큰 방에 가운만 좍 걸려 있는 걸 보고는 에라 모르겠다 하고 아무거나 하나를 집어 걸쳤다. 때마침 주임교수님이 시카고 맥코믹 센터에서 열리는 외과학회 참석을 제안했다. 이참에 잘됐다 싶어서 학회에 참가 등록을 하려면 지금 내 신분에 대한 증명이 필요하다고 요청하자 '이 사람은 컬럼비아대학 외과학 교실 펠로우임'이라고 사인한 서류를 만들어줬다. 그래서 가운을 챙겨

입고 아이디 발급처에 가서 서류를 내밀며 "여기 서지컬 펠로우인데 아이디 카드 하나 만들어주시오" 했더니 두말 않고 사진을 찍더니 바로 발급해주는 거였다. 이 아이디 카드의 유용함을 말하자면 학회 등록비도 할인되지만 컬럼비아대학 아이디와도 자동 연계된다는 점이다.

가운 입고 아이디를 달고 청진기를 두른 의사. 이제야 비로소 교수 복장이 완성되었다. 하루아침에 완벽한 복장을 갖추고 컨퍼런스에 참석하고 있는데도 교수든 의료진이든 아무도 아는 척을 하지 않았다. 속으로는 무슨 생각을 했는지 모르겠지만. 어쩌면 아무 관심이 없었을 수도 있고.

나처럼 외국에서 온 연구원들이 스무 명 남짓인데 다들 하나같이 (심지어 몇 년째) 양복차림 일색이었다. 재미있는 건 그들에게는 나의 이런 변신이 모종의 효과를 낸 모양이었다. 어느 날 갑자기 변모한 차림새로 나타난 이후로는 다들 나를 달리 보는 듯 언사도 조심스러워졌는데 이를 계기로 다시금 복장의 중요성을 깨닫게 되었다.

6개월 후 성모병원 외과교실에서 1년 선배인 송영택 선생이 이곳에 오셨다. 그간의 경험치를 십분 발휘할 절호의 기회였다. 선생님은 가만히 계시라 내가 다 해드리겠다, 하고는 패컬티만 가능한 하우징 오피스에 가서 우리 교실에 새 사람이 왔으니 방이 더 필요하다고 요청해 일주일 만에 모든 절차를 일사천리로 해치웠다.

처음 렘즈먼 교수님과의 면담에서도 설명했듯이 나는 일반 연수생과 달리 한국에 돌아가면 병원 경영도 하고 여러 가지를 두루 총괄해야 하니 여기서 가능한 모든 걸 경험해보고 싶다는 요청을 드렸었다. 덕분에 수술실, 중환자실 등에도 출입 허락이 떨어져 귀중한 경험을 할 수 있었다. 중환자실에서 근무한 지 열흘쯤 되었을 때 좀 전에 설명한, 어텐딩 피지션 한 사람이 정맥을 못 찾아 진땀을 빼는 장면을 봤다. 컷다운이라고, 혈관을 찾아 정맥에 주사를 놓아야 하는데 연신 헤매고 있었다. 보다 못한 내가 다가가 도움이 필요하면 내가 도와주마 했더니 반색하며 좋아라 하는 것이었다. 주사를 받아들자마자 단번에 해결해주니 그는 놀라워하면서 거듭 고맙다는 인사를 했다.

특히 컬럼비아에서는 심장수술이 많아서 원 없이 참관할 수 있었다. 당시 우리나라는 심장수술을 못하던 때였는데, 책으로만 익혔던 수술이 눈앞에서 생생하게 펼쳐지니 그렇게 흥분되고 재미있을 수가 없었다. 그 어려워 보이던 것이 이렇게도 쉽고 간단하게 되는구나. 우리는 요란법석 이 사람 저 사람이 죄다 달라붙는데 여기서는 셋이면 충분했다. 그야말로 선진 의료 현장에서 충분히 관찰하고 학습한, 또한 외과 의사로서 한껏 고무되고 자신감을 갖게 된 시간이었다. 다만 거기도 사람 사는 곳인지라 의사든 교수든 엄청 까탈스러운 사람이 있어서 간혹 출입을 제지당하고 쫓겨난 경우도 물론 있었다.

지금껏 40년 지기로 연구와 의료사업를 함께해온 마크 하디Mark A. Hardy 교수와의 인연도 이때 시작되었다. 그렇게 혹사를 견디며 대략 6개월이 지났을 무렵, 하디가 실험실에 불쑥 찾아왔다. 당시 그는 신장이식센터 소장을 맡고 있었다. 요즘 뭘 하고 있느냐고 묻기에 지금 이종 간이식을 실험 중이라 대답했더니 대뜸 한마디 한다. "그거 안 될 텐데. 되기만 한다면야 얼마나 좋겠냐. 하지만 안 되는 실험이야." 그러더니 불가능한 것에 힘 빼지 말고 자기와 함께 신장이식 쪽에 집중하며 환자나 보자고 했다. 생각해보니 나쁘지 않은 제안이다. 본격적인 장기이식을 현장에서 익힐 기회가 되겠다 싶어 오후 시간에는 그러마고 수락했다. 그때부터 시작된 하디 교수와의 우정이 어느덧 40년 세월을 넘어서고 있다.

맨해튼에서의
좌충우돌 생활기

1979년 초 뉴욕은 매우 험악하고 불결한 곳이었다. 매일 사람들이 죽고 은행강도가 출몰했다. 컬럼비아대학병원은 맨해튼 업타운 168번가 브로드웨이 허드슨 강변에 있었는데, 흑인과 스패니시들이 온갖 범죄를 저지르던 지역이었다. 길거리는 그야말로 쓰레기통 같아서 인도, 차도를 불문하고 신문지, 휴지조각, 빈 깡통, 먹다 남은 과일 등이 널려 있었다. 한여름이면 흑인들은 브로드웨이에 설치된 소화전 소방호스를 틀어놓고 그 아래서 샤워하며 소리를 질러가며 춤을 췄다. 지나가는 행인을 폭행하는 일은 다반사였다.

내가 머물던 36층짜리 패컬티 타워도 출입하려면 수차례 검문을 통과해야 했다. 지하철도 출퇴근 시간, 러시아워 외에 탑승은 굉장히 위험한데 그 안에서 온갖 범죄가 일어나기 때문이다. 지하철에는 서브웨이 패트롤이라는 별도 경찰이 1년 내내 순찰을 다녔다. 맨해튼의 지하철은 역사가 오래되었고 설계도 잘되어 있었다. 직행, 완행도 있고 중간에 갈아탈 수도 있었다. 주류를 파는 리쿼드스토어나 은행 같은 곳은 살인과 강도 행각 등을 방어하기 위해 카운터를 방탄유리로 막아놓았다. 맨해튼이 얼마나 위험한 지역이었는지는, 중심지라 할 타임스퀘어 남쪽 34번가에서 북쪽 55번가 그리고 동서로는 아메리카 에비뉴와 매디슨 에비뉴쯤까지만 사람들이 다녔던 것만 봐도 짐작할 수 있다. 심지어는 대형 병원 중 하나인 마운트 사이나이의 간호사가 퇴근길에 주차장에서 납치당한 일도 벌어졌다. 간호사는 끌려가면서 살려달라고 소리쳤으나 아무도 도와주지 않았다. 다음 날 그녀는 브롱스에서 시신으로 발견됐다. 뉴욕은 5개의 행정구Borough로 구성돼 있는데 맨해튼, 브루클린, 브롱스, 퀸스, 스태튼아일랜드다.

당시 한국 사람들은 존 F. 케네디 공항 주변의 퀸스 지역에 많이 살았다. 가난한 지역이었다. 컬럼비아대학병원이 위치한 업타운 168번가 허드슨강 건너 뉴저지에는 포트리라는 작은 마을이 있는데, 조지 워싱턴 다리를 매개로 뉴욕주와 맞닿아 있지만 양쪽 주는 세금이 달랐다. 그래서 음식, 휘발유 값 등에서 상당한 차이가 난다. 업타운 사람들은 주말이면 조지 워싱턴 다리를 건너가 세금이 낮은 뉴저지에서 쇼핑을 했다. 다리를 건너자마자 큰 쇼핑몰이 있어 음식, 의류 등을 뉴욕주보다 훨씬 싸게 살 수 있었다. 그 포트리가 1980년대부터는 코리아타운이 되면서 한국 사람들이 모여들고 일본 사람들은 떠났다.

　숙소도 마땅찮아서 우선은 간호사 기숙사 내에 방문객이 머무는 임시 숙소를 배정받았다. 문제는 금요일 저녁만 되면 밤새 파티하고 춤추는 이들이 난리를 치는 바람에 죽을 맛이었다. 이처럼 낯선 곳에선 누군가에게라도 기대볼까 싶어, 출국 전에 성모병원 외과교실에서 귀띔해준 3년 선배를 떠올렸다. 뉴욕대학병원에 레지던트로 파견 나가 있는 선배가 있으니 아무 걱정 말고 도움을 청하라는 말이 생각나 전화를 걸었다. 그런데 웬걸, 정작 본인이 더 힘들고 죽겠다고 살려달라는 하소연이 늘어졌다. 혹 떼려다 붙였다고 그렇게 누구의 도움도 청할 수 없는 처지가 되어 홀로 난관을 헤쳐나가야 하는 상황이 되었다.
　장손인 나는 그동안 요리를 해본 적이 없다. 남자가 부엌에 들어가면 큰일 나는 줄 알았던 시절에 조부모님과 함께 살았던 탓이다. 그래서 밥하기도 설거지하기도 아주 싫어한다. 그랬던 인사가 미국 땅에서 난생처음 직접 식사를 챙겨야 하는 상황에 놓였으니 그런 좌충우돌도 없었다. 고작 해먹는 것이라곤 달걀프라이와 스팸뿐이었다. 그것도 하루 이틀이지 반 공기만 먹으면 물려서 나머지는 물에 말아 넘겨버리는 게 일상이었다.
　하루는 브로드웨이를 걷다 보니 참 먹음직스러운 통닭이 보였다. 그 순간 오랜만에 통닭구이가 먹고 싶어져 마트에 가서 겁도 없이 생닭을 통째로 들고 왔다. 그걸 사용법도 모르는 오븐에 넣고

호기롭게 다이얼을 돌려놓고 기다렸는데, 잠시 후의 상황은 짐작하는 바 그대로다. 집 안은 연기로 가득 찼고 불이라도 난 것처럼 보여 창문을 죄다 열면서 난리를 피웠다. 그런 지경이 됐는데도 닭에서는 여전히 피가 보여 도저히 먹을 수가 없었다. 결국 닭은 먹어보지도 못한 채 쓰레기통에 버려졌다. 그래도 미련이 남아 나중에 닭다리만 파는 곳을 알아내 그걸 사다 집에서 삶아먹었다.

그런 와중에 일명 '영등포의 슈바이처'라고 불렸던 동기 선우경식이 찾아왔다. 학교 다닐 때 나는 상당히 활달한 편이었고 경식은 아주 얌전한 친구였던 터라 우리가 어울려본 적은 없다. 그럼에도 일부러 나를 찾아온 이 친구는 나를 보자마자 연구도 좋지만 살아서 돌아가야 하지 않겠냐고, 내 몰골에 혀를 차며 나를 자신의 왜건에 태웠다. 그리고 조지 워싱턴 다리를 건너 쇼핑몰에 가서는 뭐든 먹어서 건강을 회복하라고, 빵이든 사탕이든 과일이든 우선 먹어야 한다면서 트렁크 한가득 먹을 것을 채우더니 내가 머물고 있는 스튜디오까지 실어다줬다. 명칭은 스튜디오지만 별도 구획도 없이 달랑 방 한 칸이 전부인 숙소다. 경식은 이후로도 나를 몇 차례 들여다보더니 도저히 안심이 안 되었는지 나중엔 함께 지내야겠다고 했다. 경식이 데려간 대학 기숙사의 스튜디오 역시 카펫 하나가 깔려 있는 게 전부였다. 거기에 식탁 하나를 펴고 무려 3개월을 같이 살았다. 설거지라면 질색하는 나를 대신해 친구 혼자 도맡아가면서. 그 시간 동안 우리는 많은 이야기를 나눴다.

마침 선우경식의 누이동생 부부도 뉴욕에 와 있었다. 매제는 컬럼비아대학에서 공학박사 과정을 밟고 있었는데 부부가 성품이 그리 좋을 수 없었다. 두 사람은 116번가 리버사이드 드라이브웨이에 있는 원룸 기숙사에 살았는데 경식도 한동안 그 집 응접실에서 자며 신세를 졌다 했다. 그들 부부는 잘 챙겨먹지 못하는 나를 종종 집에 초대해 한식을 대접했다. 이상하게도 그 집만 가면 끝도 없이 먹을 수 있었다. 평소보다 두세 배를 먹어치우고 과일이며 탄산음료까지 해치워도 문을 나서는 순간이면 매번 허기가 지곤 했다. 아마도 언제 다시 이런 음식을 먹을 수 있을까 싶은 아쉬움 때문이었을 것이다.

　부부는 나뿐만 아니라 컬럼비아대학에 유학 온 대학원생들도 두루 챙겼다. 참 천사 같은 사람들이었다. 부부뿐만 아니라 선우경식의 형제 모두가 훌륭하고 착한 사람들이었다.

　또한 나의 사촌 누이동생 부부도 뉴욕 생활의 외로움을 달래고 의지할 수 있었던 소중한 이들이다. 누이동생은 롱아일랜드 뉴욕대학교 분교에서 영문학 박사과정을 밟고 있었고, 서울대 영문학과 교수였던 남편도 뉴욕주립대학교 스토니브룩에서 박사학위를 준비하고 있었다. 누이동생은 피골이 상접한 내 모습에 놀라 "오빠 정말 어떻게 하려고 그러냐, 이러다 진짜 큰일 나겠어"라며 안타까워했다. 그러더니 불고기를 잔뜩 만들어와 냉동실에 넣어주면서 제발 잊지 말고 하나씩 녹여 먹으라고 신신당부를 하고 갔다.

나 역시 자주 스토니브룩을 방문했다. 스토니브룩까지는 그랜드 센트럴에서 기차로 1시간 반 정도가 걸렸다. 한 번은 200년 된 고가를 방문할 일이 있었는데, 작은 텔레비전 하나 두고 모든 주방기구를 교회에서 얻어다 쓰는 가난한 사람들이 모여 사는 집이었다. 미처 선물을 준비하지 못해서 둘러보니 어떤 상점 쇼윈도에 큰 고깃덩이가 보였다. 당시에는 햄이 뭔지 잘 몰랐던 터라 가게에 들어가 이걸 5파운드어치 사고 싶다고 했다. 어른과 아이 하나가 먹을 것이라면서. 그러자 점원은 대뜸 "오늘 아주 재수 좋은 날"이라고 소리쳤다. 그러고 나서 햄을 썰어주면서 말하길, 세 사람이 햄 5파운드를 다 먹으려면 최소한 몇 년은 걸릴 거라고 했다. 순간 아차 싶었지만 그래도 체면이 있지, 말을 바꿔 조금만 사겠다는 말은 차마 꺼낼 수 없었다. 결국 그 엄청난 햄 덩어리를 식구들이 얼마 동안 먹었는지는 나도 모른다. 신문물을 처음 접한 시절에 겪었던 해프닝이다.

어느덧 연수 일정도 막바지에 이르렀다. 어찌 됐든 뉴욕 맨해튼 한복판에서 하고 싶은 것을 맘껏 해봤던 시간이었다. 한창 젊고 의욕 넘치는 시기의 나는 선진 의료 현장의 경험을 바탕으로 앞으로 어떤 미래를 계획하고 실현해야 할지, 대략의 청사진과 충전을 마쳤다. 그리고 마침내 컬럼비아 서지컬 펠로우십Surgical Fellowship을 마쳤다는 증서를 받으면서 나의 컬럼비아 연수는 마무리되었다.

나는 외과 과장이다

패기와 열정의 시간

       초창기의 한강성심병원은 그야말로 소수 인력의 열정과 희생으로 유지되고 있었다. 예산 때문에 직원을 늘리지 못해 한 사람이 몇 가지 일을 겸무하면서 분주하게 움직이는 상황이었다. 이사장인 아버지와 초대 병원장인 방창덕 원장님은 특히나 솔선하며 다른 직원보다 두세 배 이상을 근무했다. 이틀에 한 번씩 교대로 병원에서 주무시면서 12시, 새벽 2시, 새벽 4시마다 순찰을 도셨다. 1970년대의 영등포는 서울 명동과 충무로를 제외한 유일한 유흥가 지역이었다. 매일 밤마다 사고가 속출했다. 응급수술은 당연히 제일 아랫사람인 내가 도맡았다.

  귀국 후 내게는 의욕 넘치는 생활이 시작됐다. 아버지는 나를 한강과 강남성심병원의 진료부원장으로 임명하셨다. 일이 너무 재미난 시절이었다. 어제 처치한 환자가 오늘 얼마나 차도가 있을까 궁금해서 대부분의 시간을 병원에서 보낼 만큼 일의 재미와 의욕에 빠져 시간 가는 줄 몰랐다. 새벽 5시에 일어나 강남에 도착하면 5시 반, 이후 대략 40여 분간 병원 전체를 돌아보고 다시 한강으로 출발해 업무를 보는 패턴이었다.

한강성심병원은 한일개발이 건축했던 때 그대로 본 건물만 덩그러니 있는 상태였다. 다시 말해 현관 앞 계단이나 캐노피 천장 같은 것도 없었다. 병원으로 오는 길목이 좁았던 터라 환자를 싣고 오는 택시들은 좁고 높은 경사도로 인해 마후라가 바닥에 긁히는 등 불편함이 많았다. 나는 그곳에 계단을 만들고 캐노피 천장을 설치했다.

당시의 법규는 응급수술을 위한 앰뷸런스는 언제든 통행이 가능했지만 수술을 마치고 의사를 귀가시키는 앰뷸런스는 제지하고 있었다. 반포 근처 서래마을에 살던 무렵, 집에 가려면 현충원 앞에서 매번 통행점검을 받아야 했다. 어느 날 밤샘 수술로 녹초가 돼 앰뷸런스를 탄 내게 경찰은 제동을 걸었다. 수술을 마친 의사는 통행금지 시간에 다닐 수 없으니 법규 위반이라는 것이었다. 그 말을 듣자 순간적으로 울화가 치밀었다. 경찰관들 당신만 밤새 나라를 지키고 있는 게 아니다, 나 역시 국민의 생명을 살리기 위해 밤새 수술하고 귀가하는 길이다, 이 시간에 앰뷸런스를 탄 게 그렇게 위법한 일이냐고 큰소리로 따져 물었다. 퀭한 몰골로 버럭대는 내가 안쓰러웠는지 아니면 상대하기가 귀찮았는지, 경찰관은 그냥 가세요, 하고 통과시켜주었다.

다음 날 아침 출근길, 이수교 교차로에서 마침 그 경찰관이 교통 신호를 보고 있는 모습이 보였다. 그를 보니 어젯밤 일이 떠올라 차를 멈추고 말을 걸었다. 어제는 내가 너무 피곤했던 탓에 지나치게 행동한 것 같아 미안하다고, 양해해주길 바란다고 했더니 그 또한 호의적인 태도로 괜찮으니 신경 쓰지 말라며, 그런데 어느 병원에 계시냐고 물었다. 한강성심병원 외과에 있는 윤아무개라고 말해주고 출근했다. 그날 오후 그가 나를 찾아왔다. 뜻밖의 방문에 놀란 내게 그는 선생님이나 저나 모두 나라를 위해, 국민을 위해 살고 있다고 생각한다며 앞으로도 혹시 교통관계에 도움이 필요하면 전화하라면서 연락처를 건네주었다. 그렇게 우연한 마주침으로 시작된 우리의 인연은 이후에도 상당 기간 동안 지속되었다.

정확한 판단과 실력은 경험에서 나온다

　　　　당시의 나는 눈을 감고도 뱃속의 해부학적 구조를 다 알 정도였다. 솔직히 수술이라면 어떤 것이든 자신 있었다.

　한강과 강남성심병원 외과 과장 시절, 수술도 엄청나게 했지만 난이도에 있어서도 결코 만만치 않은 것들이었다. 다른 병원에서는 좀처럼 시도하지 못했던 대동맥류도 거침없이 해치웠다. 대동맥류는 대동맥의 일부가 정상보다 1.5배 이상으로 늘어난 상태인데 주로 복부 대동맥에 생긴다. 복강 안으로 터지면 통증과 쇼크가 발생하고 사망에 이르는 무서운 병이다. 이때의 수술은 대동맥류를 절제하고 데크론이라는 인조 혈관으로 대체하는 작업인데, 당시에는 성모병원 출신이 아니면 시도해볼 엄두도 못 낼 고난도 수술이었다.

　미국에서 돌아온 직후의 사례도 생각난다. 할머니 한 분이 위암

3기로 입원했다. 할아버지도 위암 판정을 받아 백병원에서 서너 달 전에 수술하셨다 했다. 할머니는 위 전체를 다 떼어내야 할 만큼 상태가 안 좋았다. 위 전체를 절제한 자리에 소장 두 개를 합쳐서 위처럼 만들어야 하는 수술이다. 대략 3분의 2를 잘라내는 보통의 위 절제수술에 비해, 이번 수술은 부위가 넓어서 아무래도 회복이 훨씬 더딜 수밖에 없었다. 그러자 아들이 와서 항의하기를 똑같은 위암 수술인데 아버지와 달리 어머니는 왜 이렇게 회복이 늦느냐는 것이었다. 그래서 이 경우는 진행 상태가 다르니 수술도 달라야 했고, 위 전체를 다 떼어냈기 때문에 그럴 수밖에 없다고 설명했다.

어쨌든 지금 생각해도 참 기적적인 케이스였다. 원래 암 3, 4기쯤이 되면 여생을 장담할 수가 없는데 할머니는 수술 후 15년가량을 더 사셨다. 수술할 당시에 이미 70세이셨는데 할머니와 나 사이에 얼마나 라포rapport(상대방과 형성되는 친밀감 또는 신뢰관계로, 상담과 치료의 기본 조건이다)가 잘 형성되었던지, 몸이 안 좋아 병원에 오셨다가도 외래 진료실 문을 열고 내 얼굴을 보는 순간 낫는다고 하셨다. 정말 믿음의 위력이랄까, 할머니는 치료에서 심적 믿음이 얼마나 중요한지를 깨닫게 해준 분이다. 회복이 늦다고 노발대발 항의하던 아들은 당시 파레스 호텔 나이트클럽 지배인이었는데 어머니가 이렇게 건강을 회복하셔서 감사하다고 인사를 거듭하면서 꼭 한번 호텔에 들르라고 당부했다. 덕분에 호텔 나이트클럽에서 중국 요리를 거하게 대접받는 호사도 누려봤다. 요즘 그랬다간 큰 사달이 나겠지만 당시는 그런 일이 종종 있었다.

외과 의사에게는 특히 판단이 중요하다. 나는 의사로서의 정확한 판단과 실력은 경험에서 나온다고 믿는다. 아무리 공부를 열심히 하고 실습을 성실히 했다고 해도 현장에서 맞닥뜨리는 환자가 매번 또박또박 공부 범위에 해당되리란 법은 없다. 현장은 언제나 예측불허에 비상 상황이다. 그럴 때 순간적으로 어떤 판단을 하느냐는 전적으로 내가 쌓아온 경험에 달려 있다. 그것의 양과 질이 얼마큼 축적돼 있느냐에 따라 올바른 해결책을 찾아 나갈 수 있는 것이다.

예를 들자면 췌장 밑에는 비장으로 가는 꽤 굵은 정맥이 있는데 췌장에 달라붙어 있어 주위 장기가 자칫 잘못하면 찢어진다. 그런데 정맥은 얇기 때문에 잘못 꿰매기 시작하면 더 찢어지기 십상이다. 나도 그런 적이 한 번 있었다. 비장정맥이 조금 찢어졌다 싶었는데 심각할 정도의 출혈이 시작되었다. 문제는 손이 안 닿는 부분이어서 들여다보면서 처치하는 것이 불가능한 상황이었다. 하는 수 없이 순간적으로 패킹을 시도했다. 말하자면 거즈를 잔뜩 챙겨서 출혈 부위를 단단히 틀어막는 것이다. 이럴 때는 시간이 해결사다. 우리 몸의 상처는 웬만해선 시간이 지나면 아물게 되어 있다. 그 시간을 기다린 다음, 처치한 패킹을 조심스럽게 제거해보았다. 결과적으로 혈관도 수술도 무사히 마무리할 수 있었다.

경험이 얼마나 중요한지, 초보 의사였을 때 난감했던 경험을 떠올려본다. 어느 날 병원 직원의 언니라는 이가 장폐색으로 입원했다. 개복해보니 비닐 같은 얇은 장막membrane들이 창자 전체를 겹

겹으로 둘러싸고 장은 꽉 막혀 있었다. 도대체 이게 무슨 병인지 알 도리가 없으니 난감하기 짝이 없었다. 우선은 하는 수 없이 창자를 둘러싼 막들을 일일이 다 풀어주고 막힌 장을 뚫은 다음 마무리했다. 그런데 수술 후 2주가 지나면서 어쩐 일인지 환자는 아무것도 먹지 못하게 되었다. 전혀 음식물을 삼키지 못하는 상황이라 다시 재수술을 해야 했는데, 열어보니 문제의 장이 돌덩이처럼 유착돼 단단히 굳어 있었다. 할 수 없이 이번에는 소장 전체를 잘라내야 했다.

우리 장기 중에 소장은 소화운동을 하면서 영양분을 소화·흡수하는 기관인데 그것이 사라지고 대장만 남았으니 환자가 섭취한 음식은 흡수되지 못한 채 몸 밖으로 전부 빠져나가버렸다. 즉 아무리 먹어도 영양실조 상태가 될 수밖에 없는 몸이 된 것이다. 결국 환자는 6개월 후에 사망했다.

어느 날 원장님과 식사하는 자리에서 그런 경우가 있었고 그렇게 수술 후 환자를 잃었다고, 도대체 무슨 병이었는지 모르겠다는 말씀을 드렸다. 그런데 원장님은 내 얘기를 듣자마자 대뜸 "아, 그거 결핵성 복막염이야" 하셨다. 결핵성 복막염이 그렇다고, 그럴 때는 열었다가 그냥 닫는 게 해결책이라는 어이없고 황망한 처치법을 일러주셨다. 공기만 쐬어도 겹겹의 멤브레인이 저절로 풀어진다니, 그 심란한 상태를 보고 어찌 상상이나 했겠는가.

어쩌면 의료 환경이 열악하기 짝이 없었던, 결핵성 복막염이라는 병이 만연하던 아버지 세대에 원장님 역시 나름의 경험으로 습득한 치료법이었을 게다. 어떤 경로로 터득한 해결책이든 이 역시 경험이 알려준 해답인 셈이다. 반드시 무슨 의학적 지식을 갖춰야만, 어떤 기술을 익혀야만 능사가 아니라 경험이 받쳐줘야 된다는 걸 그때 절실히 깨달았다.

내가 레지던트를 수련하던 1970년 이전에는 임상과라고는 12개가 전부였다. 지금은 세분화되어서 30여 개나 된다. 당시에 외과 의사라고 하면 뱃속에 있는 장기는 위, 대장, 소장, 비장, 간, 담도, 쓸개, 췌장까지 모두 다 관여했다. 그뿐만 아니라 폐도 보고 자궁 수술도 하고 심지어 뼈까지도 할 수 있으면 다 했다. 그만큼 전반적인 학습과 실습이 이루어지던 때였다. 외과라고 불리지만 내과와 협업해 문제를 해결하는 것이 당연했고 그게 상식이었다.

그에 비해 전공이 지나치게 전문화된 요즘의 외과 의사는 각자 전공한 영역만 진료할 수 있다. 예를 들면 간담췌 전문, 위 소화기 전문 등 이런 식이다. 그런데 우리의 몸이란 각자 독립된 별개기관이 아니잖은가. 서로 다 연계돼 있는 것인데 지금의 교육방식으로는 전신을 볼 줄 아는 의사가 드물 수밖에 없다. 분명한 것은 아무리 뛰어난 의사라 해도 몸의 한 부분만 봐서는 정확한 진단을 내리는 데 무리가 있다는 것이다. 나는 이것이 요즘 현대의학이 깊이 고민해야 할 부분이라고 생각한다.

레지던트의 사고도
수습해야 하고

　간 아래쪽에 붙어 있는 조그만 주머니 담낭(쓸개)은 간에서 분비되는 담즙을 저장하는 창고 역할을 하는데 담낭관이라는 가느다란 관을 매개로 담도와 연결돼 있다. 그 담낭에 돌이 생기면 담석이라 부른다. 담석 제거는 비교적 간단한 수술이어서 제자 중에 4년차 레지던트에게 경험해보라고 시켰을 때다. 한 시간 만에 수술을 끝내고 내려와서는 잘됐다고 보고하기에 그런 줄 알았다. 그런데 다음 날 회진에서 보니 환자에게 약간의 황달기가 보였다.

　간에서 분비되는 담즙은 하수도같이 연결된 관을 따라 담낭에 모이고 거기에 조그만 담도가 전체 총수담관이라는 큰 통로에 연계되어 들어온다. 그러니 담낭을 건드릴 때는 담낭과 연결되는 담도만 잡아매야지 자칫 큰 담관을 잡으면 위험해진다. 황달기가 보인다는 것은 그 과정에서 뭔가 잘못되었다는 얘긴데, 그래서 그 부분을 제대로 확인했느냐고 물었더니 물론 그랬다 한다. 아무래도 불안한 마음에 혈관을 촬영해보니 아니나 다를까 혈관은 막혀 있고 담도는 안 보인다.

급히 일정을 잡아 다음 날 수술에 들어가보니 담즙이란 게 얼마나 독한지 그 사이 간 밑까지의 담도가 흔적도 없이 사라져버렸다. 큰일이다. 십이지장으로 담즙을 내려 보내야 하는데 그 연결 부위가 녹아버린 것이다. 십이지장이 끝나는 자리에는 공장이라는 소장이 시작된다. 별수 없이 그 소장을 끌어올려서 간 밑 담도에 연결시켜보기로 했다. 물론 굉장히 어려운 시도다. 담도는 거의 다 없어진 데다 또 창자와 담도는 그 직경도 다르기 때문이다. 하여튼 카테터를 넣어가면서 어렵게 어렵게 연결시켜 결국 환자를 살려내었다. 그때 수술법도 어디서 배웠다거나 본 것이 아니라 그 순간 즉흥적으로 시도해본 것이다.

재미있는 것은 10년쯤 지나 외국의 어떤 저널에서 같은 케이스를 발표한 것을 읽었다. 아무튼 수술실에서 진땀을 뺐던 사례들을 생각하자면 끝도 없다.

이식 수술에서 이룬 쾌거

신장이식, 췌장이식 수술의 성공

　　의사로서의 도전 중 가장 뿌듯하고 성취감을 느꼈던 것은 1987년에 신장이식과 췌장이식 수술에 성공한 순간이었다. 이식 수술은 더 이상의 치료법이 없는 상황에서 취할 수 있는 마지막 치료이기에 더욱 신중해야 하고 반드시 성공해야 하는, 의사로서의 최종 목표이기도 하다.

　　1953년 미국에서 세계 최초로 성공한 신장이식 수술은 우리나라에서는 1969년에 이용각 교수님의 집도로 처음 성공했다. 이후 서울대, 연세대, 가톨릭대 등에서 시행되면서 각각의 성공 사례를 축적해 나가고 있던 현대의학의 첨단 분야였다.

　　1985년 6월 마침내 우리 한림대학교의료원도 신장이식 수술에 성공했다. 내가 이끄는 수술팀은 한강성심병원에서 첫 번째 신장이식 수술에 성공하고 이어 9월에 두 번째 수술도 성공했다. 이후

1986년 7월 여섯 번째 수술까지 성공함으로써 한림대학교의료원도 명실상부한 신장이식 수술 대열에 합류했다.

또한 1987년 5월 12일 국내에서 처음으로 췌장이식 수술에 성공한 사례는 큰 화제가 되었다. 췌장이식 수술은 1983년 처음 성공한 후 미국, 스웨덴 등에서만 시행되던 어려운 수술이었다. 국내의 다른 대학병원에서는 관심을 두지 않은 분야였는데, 그동안 우리는 1986년부터 개를 대상으로 15회의 이식 수술을 시행하면서 기술과 경험을 축적해오고 있었다. 그 결과 마침내 임상에서도 성공을 거두게 된 것이다. 이로써 나날이 증가하는 당뇨병의 근본적인 원인 제거가 가능해졌다.

한강성심병원 원장이 직접 시술했다는 것도 세간의 주목을 받았다. 방송과 신문들이 수술 성공 소식을 대대적으로 보도하는 바람에 의료원의 위상도 높아졌고, 나 역시도 인터뷰한 내용이 〈MBC 뉴스데스크〉에 방송되면서 화제의 인사가 되었다.

8시간에 걸쳐 수술한 환자의 상태는 다행히도 양호한 편이었다. 특히 혈관수술이 잘 되어서 이식된 췌장의 혈류 상태가 아주 양호했다. 혈류가 원활한지의 여부는 혈당치가 정상으로 돌아오느냐를 좌우하는 문제라서 중요하다. 그때까지 국내에서 췌장 수술이 없었던 이유는 인체에서 가장 이식이 어려운 까다로운 장기이기 때문이다. 외국에서도 1983년 이후부터 활발해졌으니 우리의 성공은 선진국과 비교해도 상당히 빠른 시기에 이루어진 셈이었다.

종래까지 당뇨병 치료는 인슐린을 주축으로 한 내과적인 약물요법 위주로 진행되었다. 하지만 이 방법은 당뇨의 근본 원인인 췌장의 인슐린 분비에 대한 근본 치료가 아닌, 증상만을 경감시키는 치료여서 한계가 분명했다. 많은 환자가 고혈압이나 심장병 등 여러 합병증으로 고생하다 결국 사망에 이르는 당뇨는 일종의 불치

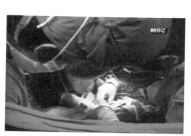

경향신문 기사

| 1987년 췌장이식 수술 성공 후의 방송사 인터뷰

병이라는 인식이 퍼져 있었다. 따라서 췌장이식은 당뇨 합병증을 차단하는 근원적인 치료법이라는 데 의의가 있다.

이식 수술의 성공 사례들이 축적됨에 따라 1986년 강동성심병원에 장기이식센터를 개설하고 우리 의료원을 대표하는 의료 분야로 삼았다. 동물을 대상으로 실험해오던 간세포 이식술은 1987년 마우스를 이용한 간세포 이식술에서 80퍼센트 이상의 생존율을 확보했다. 이는 급성간부전증 치료를 위한 중요한 진전이었다. 1990년 강동성심병원의 한덕종 박사팀은 국내 최초로 뇌사자의 신장이식 수술을 시행했다. 뇌사자의 장기이식은 1988년 서울대학병원 김수태 교수팀의 간이식 수술에 이어 국내 두 번째였다. 바로 그 김수태 교수가 1995년 강동성심병원에 부임하면서 간이식 수술도 활성화되었다. 김 교수는 1996년 63세 여성 환자의 수술에 성공함으로써 국내 최고령 간이식 수술을 성공시킨 사례로 기록되었다.

한편 2001년부터 구성된 장기이식팀은 의료원 최초로 15개월 된 아기의 생체 부분 간이식과 성인의 생체 부분 간이식을 잇달아 성공시켰다. 또 2002년 1월에는 신·췌장 동시 이식까지 성공적으로 시행하는 놀라운 성과를 보였다.

우리나라 최초로 췌장이식 수술에 성공했다는 것으로 외과 의사로서의 이름을 알리게 됐지만 솔직히 나는 최초로 무엇을 해보겠노라고 무리하거나 욕심을 내는 유형은 아니다. 어쩌면 그때 나와 함께했던, 상당히 모험적이고 진취적인 두 명의 제자들 덕분인 것 같다. 그들이 보기에는 스승인 내가 뭐든 해낼 것처럼 보였는지도 모르겠다. 사실 당시는 못 해낸 수술이 없었을 정도로 성공 사례가 줄을 이었고 나 역시도 수술에 있어서만큼은 자신감이 있었다.

그럼에도 이식 수술이란 술기만으론 장담할 수 없는 여전히 위험천만한 영역이었다. 한 개체에 완전히 다른 개체를 심는 것이어서 어떤 거부반응이 나타날지 예측할 수가 없다. 그 말인즉 수술이 잘됐다 하더라도 거부반응을 제어할 수 있는 면역억제제 여부가 관건이라는 얘기다. 1987년만 해도 면역억제제는 보잘것없는 수준이었다. 그래서 수술을 잘해놓고도 거부반응으로 환자를 잃곤 했다. 앞서도 잠깐 언급했지만, 레지던트 수련 4년 동안 성모병원에서 계속 시도된 신장이식 수술 사례 중에 최초 환자만 5년을 생존했고 나머지는 모두 1년에서 1년 반 남짓에 그치고 말았다. 가시에 찔려도 곪는 법인데 무려 장기를 이식했을 때 나타나는 거부반응이야 어떻겠는가.

특히 췌장은 몸속 장기 중 가장 까다로운 장기다. 게다가 췌장액은 막강한 소화력을 지니고 있어서 피부에 묻기라도 하면 무자비하게 피부를 녹여버린다. 그 정도로 강력해서 외과 의사들이 제일 무서워하는 장기이기도 하다. 그런데도 감히 그것에 도전해본 것은, 솔직히 고백하자면 내 의사가 아니었다. 모험심 강했던 제자들은 충분히 가능성이 있다고 믿었고 그들 덕분에 나 또한 고무되었는지도 모르겠다. 실제로 환자는 보름 동안 생존했으니 수술에 문제가 있었던 것은 아니다. 어찌 됐든 믿을 만한 면역억제제가 없는 상황에서 이식 수술은 성공 확률이 희박하다.

인술의 실천

나보다는 남을 위해, 함께 사는 세상을 위해

'의서(醫書)와 노트에만 사로잡혔던 의과대학에서의 생활이란 인간으로서의 자기를 망각하고 삶의 참된 철학을 잊어버린 기계 생활이 되지나 않았을까. 내가 항상 말하듯이 의사라는 직업인이 되기 전에 의인(醫人)이라는 사람이 되어야 할 것이 아니겠는가. 의서를 통달하고 각종 의학 시험에 합격되었다고 자랑하기 전에 따뜻한 정서가 깃든 사랑의 영혼을 느낄 수 있고 허리 잡고 웃을 줄도 알고 목 놓아 울 줄도 아는 정든 사람이 되어보는 것이, 대문짝 같은 명함에 무슨 박사라고 헛껍데기 자랑하는 인간보다 보람 있는 삶인 줄 안다.'

일찍이 선친께서 쓰신 글 중에 내가 두고두고 새기는 내용이다. 의사라는 직업, 의사가 가져야 하는 사명이 무엇인지를 아버지는 평생에 걸쳐 실천으로 보여주셨다. 또한 가톨릭 신자로서 사회에서 소외되고 가난한 사람을 위해 병원을 짓고, 환자가 많은 곳에 병원이 찾아가야 한다는 소신으로 모든 의료 활동에 임하셨다. 아버지가 최초로 설립한 고향의 병원에서부터 훗날 세운 모든 병원에 성심聖心이라는 이름이 붙은 것은 '예수의 사랑' 즉 사회적 연대와 사랑과 봉사의 마음을 담겠다는 의지의 표현이라고 생각한다.

개원 초창기부터 한강성심병원은 순회 무료진료를 다니면서 사회에서 소외되고 가난한 사람들을 위한 진료 활동에 열성을 다했다. 수해가 발생하면 그 지역으로 달려가 주민들의 건강과 생명을 돌보는 일도 거르지 않았다. 서울시와 협조해 봉천동에 '새마을보건진료센터'를 개설해 영세민을 무료로 진료했고 매년 정기적으로 무의촌을 찾아가 무료진료 활동을 펼쳤다. 무료진료라 해서 임시로 간단한 처방만 하는 것이 아니라 제대로 시설을 갖춤으로써 웬만한 치료는 거의 해결할 수 있었다. 하루 평균 50여 명 안팎의 환자들을 진료했으니 그 지역 영세민들은 거의 한두 번씩은 혜택을 받고도 남았을 정도다.

1975년 1월에 개원한 성심자선병원은 순회 무료진료에서 미처 진료하지 못한 영세민을 위한 무료병원으로, 극빈 환자들에게는 한 가닥 희망의 끈이 되어주었다. 순수 민간의료법인이 자선병원을 운영한 사례는 국내에서 처음이었다.

1969년 4월에 설립된 '맹인점자도서실'은 명동성모병원 시절에 시작한 사업이다. 시각장애인을 위한 국내 최초이자 유일한 시설

▲ 1973년 8월 광복아파트에서의 무료진료
▼ 1976년 1월 신정동에서의 무료진료

이었기 때문에 선친은 이 사업을 가장 소중히 여겨 자리를 옮길 때마다 사업이 중단되지 않도록 항상 함께했다. 덕분에 맹인점자도서실은 10만여 명에 달하던 시각장애인들의 향학열을 충족하고 그들이 미래와 삶에 희망을 가질 수 있도록 중단 없이 운영되었다. 시각장애인이 신청한 책을 직접 점자로 만들어 제공하는 곳은 이곳이 유일했다.

1975년 3월에는 '천주교 구라회'를 인수해 나병환자들을 위한 사업을 시작했다. '나환자를 구원하는 모임'이라는 뜻의 구라회는 미국의 스위니 신부가 시작한 사업이었다. 그것을 성심중앙유지재단이 맡아 충청남도 6개 군을 담당하며 월 1회 순회진료반을 파견했다. 양성 나환자를 찾아내고 이미 진단된 나환자에 대한 투약과 치료도 정기적으로 실시했다.

스스로 주춧돌이 되겠다는 신념은 실천으로 이어져 하나둘 구현되기 시작했다. 1980년 1월에 개원한 강남성심병원 역시 개원 초기부터 무료진료팀을 구성해 지역사회 곳곳을 누비며 영세민을 대상으로 활발한 진료활동을 펼쳤다. 뒤이어 1981년 12월에는 달동네인 난곡에 '신림복지관'을 개관했다. 산비탈에 다닥다닥 붙어 있는 판잣집, 미로 같은 좁은 골목들, 집에 화장실이 없어 동네 사람들이 공중화장실 앞에 줄을 길게 서는 곳, 난곡의 주민들은 궁핍한 형편 때문에 병원을 찾지 못하는 경우가 많았다. 그래서 복지관은 가정간호사업을 중점적으로 펼쳐 나갔다. 여성들을 위한 모자보건사업을 시행해 분만을 돕고, 태어난 아기가 건강하게 자랄 수 있도록 예방보건사업에도 신경을 썼다. 민간의료법인이 자체 재정으로 보건 의료와 복지를 통합해 실천하는 종합복지사업의 시작이었다.

아버지는 평생에 걸쳐 극빈자와 소외된 계층에 대한 관심의 끈을 놓지 않으셨다. 국민의 생명을 최전선에서 지키는 병원의 책임이란, 단지 치료와 연구에 있는 것이 아니라 인간을 목적으로 삼고 환자와 정서적으로 공감하는 자세에서 나온다고 믿었기 때문이다.

병원은 환자의 고통과 아픔을 내 아픔과 고통으로 느끼고, 환자의 괴로움과 슬픔을 내 슬픔으로 깊이 슬퍼하는, 사랑과 정이 넘치는 곳이어야 한다고 강조하셨다. 우리 재단과 병원이 한결같이 수익보다는 사회적 공익과 가치 창출을 위한 길에 매진한 것도 그 때문이다.

그런 맥락에서 한강성심병원에 개설된 국내 최초의 화상 전문 치료기관인 '화상치료센터'를 빼놓을 수 없다. 병원의 수지타산이 안 맞아 모두가 기피하는 화상치료에 과감히 투자한 것은 오로지 불우한 화상환자들을 살리겠다는 사명 때문이었다. 화상환자의 마지막 보루가 되겠다는 목표로 감내해온 시간은 결과적으로 화상환자 생존율 국내 최고를 기록하며 국내외를 막론하고 중증 화상치료의 메카로 인정받는 보람을 가져다주었다.

장애인의 인간다운 삶에도 관심과 애정을 쏟았던 선친은 1989년 2월에 '강원도장애인종합복지관'을 개설했다. 건립을 위해 강원도에 부지와 자금을 희사했고 몇 년간 운영까지 도맡았다.

초고령 사회를 예견하고 노인의 건강을 보살피겠다는 한 발 앞선 구상은 1991년 10월 '한국노인보건의료센터' 개원으로 이어졌다. 종합복지사업에도 탄력이 붙어 1992년 10월에는 '성심복지관'이 개관했다. 신림종합복지관과 성심복지관은 야간 무료진료를 시작해 영세민의 건강을 불철주야로 돌보았다.

아버지가 실현해 나가는 이 모든 과정을 지켜보고 함께하면서,

나는 자연스럽게 나보다는 남을 위해 그리고 더 큰 세상을 위해 살아야 한다는 신념을 깊숙이 체화했다. 그 경험을 바탕으로 내가 설계해 나갈 미래의 의료가 경로를 이탈하지 않고 굳건한 인술仁術을 실천하는 여정이 되도록, 지금도 나는 매일 스스로를 점검한다.

'의사의 의무는 죽음을 늦추거나 환자에게 예전의 삶을 돌려주는 것이 아니라, 삶이 무너져버린 환자와 그 가족을 가슴에 품고 그들이 다시 일어나 자신들이 처한 실존적 상황을 마주보고 이해할 수 있을 때까지 돕는 것이다.'
— 폴 칼라니티, 《숨결이 바람 될 때》 (흐름출판, 2016) 중에서

4장

시련과 응전

심근종양의
진단

해방 후 이북에서 남하하여 6.25 전쟁과 갖은 고난을 겪었던 우리 가족이었기에, 특히 몸이 약한 장손에 대한 집안 어른들의 애정과 염려는 각별하였다. 그래서인지 레지던트 3년차 가을에 전공의 수련 도중 갑작스레 결혼이 추진되었다. 당시 우리는 청량리 시립대학교 앞의 저택에서 할머니 할아버지 어머니 아버지 형제 모두가 다 같이 살았는데, 핵가족 출신의 신부는 이런 대가족이 모여 사는 집안에 적응하느라 상당히 힘들어했다.

그런 신부에게 시련 하나가 더해진 건 결혼한 지 몇 달이 지나서였다. 아마도 서울시민회관에서 화재가 발생한 날로 기억하는데, TV에서 그 장면을 보던 중에 나는 갑자기 가슴이 답답해졌다. 급히 창문을 열고 찬 공기를 들이마시며 심호흡을 해봤지만 증상은 사라지지 않았다. 아무래도 일시적인 것이 아닌 것 같아 바로 아래

층에 살고 계셨던 막내 고모를 호출했다. 소아과 의사인 고모는 나를 진찰하더니 심장에서 잡음murmur이 들린다고, 이게 웬일이냐고 걱정하셨다. 청천벽력 같은 소리였다.

다음 날 출근하자마자 심장내과 과장님을 찾아갔다. 당시 이제 막 기반을 갖춰가던 심장내과는 포노카디오그램phonocardiogram(심음도: 심장 소리를 기록한 것. 통상 심전도 등과 동시에 기록되며 청진의 시각화, 각종 심질환의 진단에 이용된다. 특히 심장 판막증, 선천성 심장질환 진단에 효과적이다)을 사용한, 원시적인 검사기법을 실험하던 중이었다. 교수님은 나를 진찰하고는 심근종양인 것 같다고 말씀하셨다. 최신 의학사전을 찾아보니 얼마 못 살고 죽는 병이다. 결혼한 지 몇 달 만에 이런 진단을 받다니 충격도 이런 충격이 없었다. 병원에도 소문이 쫙 퍼졌다. 레지던트 4년차였던 나는 그날로 모든 당직에서 제외됐다. 이후 병원 출퇴근은 아버지가 자동차로 전담해주셨다. 그렇게 경황없이 몇 달이 흘렀다.

증상은 딱히 심해지지도, 나아지지도 않은 채로 지속되었다. 심장내과의 재진찰 결과 심근종양이 아니라 심방중격결손증ASD(Atrial Septal Defect)이라는 진단이 나왔다. 즉 심장에는 4개 방이 있는데 그 심방 벽에 선천적으로 구멍이 나 있다는 얘기다. 그때만 해도 국내에서는 심장수술이 어렵던 시절이었기 때문에 그 역시 생존 가능성이 없었다. 그렇게 절망적인 결과만 받아든 채 다시 몇 달이 지나는 사이, 나는 점점 신경쇠약에 빠졌다. 잠시라도 병원에서 떨어져 있으면 죽을 것 같은 공포감에 사로잡혔다. 아무 처방도 치료도 할 수 없이 무력한 시간만 흐르고 있었다. 세 번째 진찰에서는 또다시 다른 진단을 듣게 되었는데, 심방중격결손증이 아니라 심실중격결손VSD(Ventricular Septal Defect)으로 심실 벽에 천공이 났으니 심장약을 먹자는 것이었다. 하지만 약을 복용하기 시작하면 앞으로 평생 먹어야 하고 완전 폐인이 될 것 같아 '약은 좀 더 참아보겠다'고 미루었다.

이제는 경과도 더 나빠졌다. 어느덧 레지던트 4년차 말에 들어선 시기, 생명의 초침이 깜박이는 것을 무기력하게 지켜보고 있을 수만은 없다는 생각이 들었다. 이제는 앞으로 어찌할 것인지를 결정할 시간이다.

국내 최고 전문의를 찾아 정밀한 진단을 받아보자는 생각에 인맥을 총동원해 수소문했다. 그리하여 미국 심장내과 전문의 두 분이 신촌 세브란스에 재직중이라는 정보를 입수했다. 나는 주저없이 그중 한 분인 차홍도 교수께 익명으로 진료 신청을 했다. 그렇게 진찰과 검사를 마친 후, 검진 결과를 들으러 간 날. 교수님은 당신 심장에서 들리는 소리는 심장이 얇아서 비롯된 기능성 잡음일 뿐, 심장에는 아무 이상이 없다고 했다.

순간 머릿속이 아득해지는 느낌이 들었다. '아무 이상이 없다고? 지금까지 1년간이나 마음을 졸이고 살았는데?' 하는 수 없이 나는 그간의 내막을 털어놓았다. 실은 성모병원 외과 4년차 레지던트인데 그동안 여러 진단을 받고 거의 죽을 날만 기다리는 심정이었다고, 그러니 다시 한 번 살펴봐주시면 좋겠다고 말씀드렸다. 그러자 교수님은 또 다른 권위자인 심장내과 전문의를 불러 검진 기록을 함께 세밀히 들여다보시고는 역시 '얇은 심장으로 인한 기능성 잡음'이라는 데 의견 일치를 보셨다. 심장이 얇아서 피가 심장을 순환하는 펌핑 소리가 들리는 기능성 잡음일 뿐이니 앞으로 심장 걱정은 내려놓고 그냥 평상시대로 활동하라고 했다.

그 말씀을 듣는 순간, 자유인이 되었다는 생각에 몸이 깃털처럼 가벼워지며 날아갈 것 같았다. 그 길로 서점에 가서 당시 아이젠하워 대통령의 주치의인 와이트 박사가 쓴 《조깅》이라는 책을 샀다. 아직 조깅이라는 용어조차 한국 사회에 널리 알려지지 않았을 때였다. 간략히 말하자면 걷는 것이 심장에 도움이 된다는 내용이다. 혈관에는 동맥과 정맥이 있는데 심장에서 뿜어내는 동맥은 압력이 높아 강하지만 압력이 약한 정맥은 피를 위로 올리기 위한 장치로 하지정맥에 밸브가 있다. 다시 말해 정맥혈이 효과적으로 심장으로 돌아오기 위해서는 주변 근육의 운동이 필요하다는 뜻으로, 조깅할 때마다 종아리 근육이 수축하면서 밀어 올리는 혈액이 역류하지 못하도록 밸브가 닫아주는 것이다. 그러므로 터벅터벅 걸어서는 조깅 효과가 없으니 옆 사람과 이야기할 때 숨이 찰 정도로 속도감 있게 걸어야 한다. 그래야만 정맥 혈류에 도움이 되고 심장이 튼튼해진다고 했다.

아무튼 우여곡절 끝에 레지던트를 마치고 나는 아버지가 경영하는 한강성심병원으로 이전 근무하게 되었다. 그곳에서는 아무도 나를 환자 취급하지 않았다. 외과는 방창덕 원장님과 최창식 원장님 그리고 나, 이렇게 세 명이 근무했는데 그중 제일 젊은 내가 야간 응급수술을 도맡는 건 자연스러웠다. 상황이 그리 되었으므로 나 역시 심장병 같은 건 잊어버리고 열심히 진료에 매진했다. 그리고 집도 옮겼다. 아직 아파트가 없던 시절, 마포에 처음으로 아파트 몇 동이 세워졌고 이어 북아현동에 10층짜리 해성아파트가 생겼다. 나는 그곳에 입주한 뒤로 한강성심병원까지 걸어서 출퇴근했다. 대략 1시간 20분의 거리를, 여의도 아스팔트 광장을 오가며 한여름에는 흠뻑 땀을 흘렸다. 상당 기간 이런 생활 패턴을 유지하는 사이, 한동안 심장병에 시달렸다는 사실조차 잊고 점차 건강을 회복했다.

아이러니한 것은 한 편의 해프닝 같았던 선천성 심장 질환 판정 덕분에 군의관 신체검사에서도 탈락해 군대도 면제됐다는 사실이다. 청진기를 대자마자 심장에서 덜컥대는 소리가 들리니 당연한 결과이긴 했는데, 돌이켜보면 대학 때 자원입대를 신청한 해병대는 문제없이 합격해 입소 날짜까지 통보받지 않았던가. 인간사 새옹지마라더니 참으로 한치 앞을 알 수 없던 내 삶의 한 장면이다.

간염의 발병, 간암 진단, 간이식까지

1990년이었던가. 지금도 또렷이 기억되는 그날 아침, 눈을 뜨고 보니 몸이 천근만근이었다. 당시 나는 구반포 서래마을에 살고 있었는데 집에서 병원까지는 자동차로 15분이면 충분한 거리였다. 15분 만에 갈 수 있는 병원이 마치 부산이라도 가듯 멀게 느껴졌다. 내 몸에 이상이 생겼구나, 직감적으로 느껴졌다. 병원에 출근하자마자 혈액화학검사를 했다. 간수치가 병원 최고 기록을 넘는 최악의 지표를 보이고 있었다. 급성 B형간염 발병. 아마도 보균자로 있다가 힘든 일이 겹치는 사이 급속히 진행된 것 같다.

그렇게 시작된 간염 증세는 주기적으로 호전됐다 악화되기를 반복했는데 그러다 한 번씩 위급한 상태가 되면 바로 입원해야 했다. 시간이 지나면서 점점 입원 횟수가 잦아졌다. 내가 입원한 강동성심병원은 당시 의료원 산하 최대 병상과 최고 시설을 갖춘 곳이었다. 대학교 동창인 유재영 교수가 내 주치의를 맡았다. 상태가 점차 악화되면서 최고의 간염전문가인 정환국 교수님마저 더 이상 국내에서 치료할 방법이 없다는 비관적인 말씀을 하셨다.

생때같은 장남이 하루아침에 생사를 장담할 수 없는 처지가 되어버리자 어떻게든 자식을 구해보겠다는 절박함에 아버지는 경성의전 후배이자 절친인 이선 교수님에게 자문을 요청하셨다. 이선 교수는 일찍이 1948년도에 도미하여 의학계에서 입지를 다졌고 세계미세혈관수술학회 창립자이자 최고 권위자로 캘리포니아 샌디에이고대학교에 재직중이었다. 미국 외과의 1세대이며 세계 최초로 간이식을 수행한 피츠버그의 토머스 스타즐Thomas Earl Starzl 교수 등과도 오랜 친분이 있었다. 아버지의 요청에 이선 교수는 스타즐 교수에게 자문을 구했다. 하지만 당시 간이식 수술의 성공률은 40퍼센트 미만인 데다, 성공률보다도 장기이식은 거부 반응에 대한 면역억제제가 관건인데 그것이 거의 개발되지 않은 상태라는 것도 큰 문제였다.

그럼에도 결국 스타즐 교수에게 간이식 수술을 받아보자고 결정하신 모양이었다. 어느 날 난데없이 주치의 유 교수와 동행해 피츠버그에 가서 간이식을 받으라는 아버지의 말씀이 떨어졌다. 비행기표며 머물 곳이며 검진 절차까지 다 준비되었으니 즉시 출발하라는 말씀이었다. 그때도 입원 중이었던 나는 즉시 병실 문을 잠갔다. 아버지가 어떤 심정으로 그런 결정을 내리셨는지, 얼마나 다급하게 인맥을 동원하고 청을 넣으셨는지 충분히 짐작되었지만 나로서는 그렇게밖에 할 수 없었다. 내가 얼마나 불효막심한 자식인지 너무 잘 알면서도.

외과 레지던트 4년 동안 나는 이용각 박사의 최초 장기이식 환자를 비롯해 이후 계속된 수술과 진료에 모두 관여했다. 신장이식 수술은 우연인지 몰라도 첫 케이스만 5년을 생존했고 나머지 환자들은 평균적으로 1년 반을 버텼을 뿐이다. 그마저 대부분은 중환자실에서 맑은 공기, 햇살 한 번 쬐지 못한 채 천문학적인 치료비를 쏟아붓고 집안이 거덜 나고서야 끝나는 것을 똑똑히 목격한 사람이 나다. 그런 내가 고작 40퍼센트 성공률에 목숨을 걸고 미국까지 가서 죽을 수는 없었다. 아무리 아버지 말씀이라고 해도 이것만큼은 따를 수 없다고 완강히 거부했고 결국 도미渡美 간이식은 취소되었다.

이후 내 건강 상태는 더 나빠져서 병원에서는 딱히 처치할 것도 없게 되었다. 이렇게 하릴없이 병실에 누워 있는 것보다는 차라리 공기 좋은 곳에 가서 요양하는 편이 낫겠다는 생각에, 경기도 마석 산속에 적당한 곳을 물색해 기거를 시작했다. 4월, 온갖 초목과 꽃들의 향기로 가득한 새벽의 산 공기는 신선했고 아침이면 새소리와 맑은 이슬이 영롱한, 330미터 고지의 마지막 거주지였다.

그러나 산속에서의 첫 밤은 상상했던 고요한 숲과는 거리가 먼, 온갖 소리들이 뒤섞여 쉽게 잠을 이루기 어려웠다. 무슨 소리가 그렇게도 많고 다양한지, 어릴 때 산과 들을 거침없이 누볐던 나였음에도 병들고 지친 몸으로 맞는 첫날은 당혹과 두려움이 뒤엉켜 어지러웠다. 산 공기에는 먼지 한 톨이 없어 플래시 빛이 앞으로 나가지 못할 정도의 칠흑 같은 밤이었다. 앞으로 여기서 어떤 시간을 보내게 될지, 무섭고 아득한 마음에 꼬박 그 밤을 새웠다.

다행스러운 것은 어떤 환경이든 적응하기 나름이라고 산속 생활을 시작한 지 일주일이 지나자 밤 풍경에도 익숙해졌다. 어느 날 새벽잠이 깨서 창밖을 보니 하얗게 핀 박꽃이 눈에 들어왔다. 밤에만 핀다는 박꽃은 소설 속에서처럼 아름답기보다는 어쩐지 섬뜩한 느낌이 들었다.

온 몸이 가라앉고 기력이 없어서 하루 중 반나절 가까이 누워 있기만 하다 보니 깊은 고독감에서 비롯된 우울증이 문제였다. 그 요양지에 가끔 아버지가 오셨다. 산길에는 도로도 변변치 않아서 내가 있는 곳까지는 족히 20분은 걸어 올라오셔야 했는데, 그렇게 오셔서는 그저 한두 시간 이런저런 얘기들을 나누다 내려가시곤 했다. 힘없이 어깨를 늘어뜨린 채 돌아가시는 아버지의 뒷모습을 지켜보는 것이 내 몸 아픈 것보다 몇 갑절 더 고통스러웠다. 나중에 몇몇 어른들로부터 아버지가 나 때문에 종종 과음을 하셨고 내 걱정으로 눈물을 쏟으셨다는 얘기를 들었을 때는 정말 가슴이 무너졌다.

우울증은 날로 더 심해져 더 이상 이렇게 지내다간 무슨 사달이 날지 모르겠다는 두려움에 토요일은 서울에 나갔다가 일요일에 돌아오는 식으로 루틴을 바꿔보기로 했다. 시간이 지나면서 내가 머물던 거처에서 산 위쪽으로 인도가 생겼는데, 대략 50분가량의 거리였다. 눈 내리는 날이면 밖으로 나가 그 길을 따라 천천히 산을 오르곤 했는데, 하얗게 덮인 눈 위로 토끼 발자국에서부터 손바닥만 한 왕노루 발자국까지 여러 야생동물의 발자국들이 가득 찍혀 있던 광경이 지금도 생생하다.

산에서의 그 하루하루는 생사의 갈림길에서 한없이 작게만 느껴졌던 나 자신과 대면하고 내가 가진 모든 번뇌와 욕구를 깊숙이 들여다본 시간이었다. 위중한 상태로 입원했던 어느 날 병실에서 유언장을 쓰다 통곡했던 기억도 있다. 고작 40대에 어린 아이들을 남겨두고 떠나야 하는 현실이 원망스러웠다. 앞으로 남은 시간은 얼마나 될까, 그 시간 동안 무엇을 어떻게 해야 할까. 답 없는 질문을 끝없이 되물으며 생각하고 또 생각했다. 어쩌면 생애를 통틀어 나 자신과 가장 치열하게 투쟁했고 신께 가장 간절하게 기도했던 시간이었을 것이다.

그렇게 10여 년간의 투병생활을 해오던 2000년 어느 날, 우연히 한강성심병원에서 간초음파 검사를 하게 됐는데 생각하지도 못한 작은 암덩이 세 개가 발견됐다. 검사 결과를 듣는 순간, 눈앞이 캄캄하고 모든 사고가 정지된 듯 멍한 시간이 흘렀다. 그러다 퍼뜩 '이럴수록 정신을 바짝 차려야 한다'는 생각에 마음을 다잡았다. 마침 강동성심병원으로 가는 중이었기에 도착까지는 한 시간 정도의 여유가 있었다. 그 시간 동안 차분히 마음을 가라앉히고 앞으로의 계획을 고심했다. 병원에 도착해 배상훈 원장에게 자초지종을 설명하고 방안을 의논했다. 그 후 치료에 적합한 대학병원 등을 찾아 혈관을 통하여 홀뮴Holmium이라는 동위원소를 주입하여 암세포를 죽이는 비수술적 간암 치료를 시작했다. 그러나 큰 차도는 없었다.

이제 더는 결정을 미룰 수 없는 시간이다. 필연적으로 간이식을 할 것인지 결정을 내려야 했다. 당시까지도 간이식은 여전히 사망률 50퍼센트를 훌쩍 넘는 위험한 수술이었다. 주변에서는 아산병원의 이승규 교수를 추천했다. 수십 차례 장기이식을 해온 전문의가 간이식 수술의 당사자가 되다니, 이런 아이러니도 없다. 그러나 어쩌랴 삶이 그러한 것을.

나는 배상훈 원장과 함께 이승규 교수를 방문했다. 이승규 교수님은 처음엔 수술을 주저했다. 아무래도 여건상 부담스러운 환자일 터였으니 그 마음도 이해가 되었다. 하지만 교수님을 믿고 수술을 결심한 만큼 더는 지체할 수 없다는 생각에, 교수님이 매일 만나는 일반 환자라고 생각하고 수술을 해달라고 부탁드렸다. 결국 그날 바로 아산병원에 입원했다. 이제 장기이식 수술에 있어서 가장 높은 관문인 공여자를 기다리는 일이 남아 있었다. 게다가 나는 간이식 수술 대기자 중 응급 1순위에 오를 만큼 모든 수치가 최악이었다.

다행인 것은 그럼에도 불구하고 복수도 많이 안 차고 식사도 잘 하고 잠도 잘 잤다. 게다가 낮에는 할 일이 없어서 병동을 왔다 갔다 했는데, 그 모습을 본 이 교수께서 깜짝 놀라서는 아니 응급수술 1번인 위중 환자가 이렇게 천연스럽게 걸어다니면 주위에서 뭐라겠냐고 병실에 얌전히 있으라고 주의를 주었다. 그날 저녁, 집에서 하룻밤 자고 오겠다고 양해를 구하고 집에 와 샤워하고 밥도 잘 먹고 잠자리에 들었다. 9시경 병원에서 전화가 왔다. 간 공여자가 생겼으니 바로 들어오라는 전갈이다.

공여자는 180센티미터 장신의 15세 중학생인데 오토바이 사고로 사망했다고 했다. 당시 우리나라 장기관리협회 규정에 따르면 대전 이하 지역에서 발생한 장기는 대전 이남으로만 보내게 되어 있었다. 그러니 학생의 시신은 조선대학교로 가야 했는데 문제는 조선대학교가 이식 수술이 불가능한 곳이라는 점이었다. 환자의 가족은 장기이식도 못하는 기관에 보낼 바에는 장기 기증을 안 하겠다고 완강히 버텼다. 타협 끝에 아산병원으로 오게 됐고 그 덕분에 나는 수혜자가 되었다. 공여자의 가족 중에 신장이식을 받은 분도 있다 했는데, 아마도 그 어린 아들의 장기를 기증하겠다는 결심을 한 데에는 그런 경험의 영향도 있었을 것이다.

이승규 교수의 말씀을 들어보면 일반적으로 간경화 환자는 간으로 들어가는 문정맥이 막혀서 주위 혈관이나 식도 정맥 등 모든 혈관이 엄청 부풀어 있고 심지어는 그것이 터져서 출혈도 발생하는, 수술 위험 요소들이 즐비하다고 했다. 그러나 내 몸은 선천적으로 우회로 순환이 이루어지고 있었다. 즉 문정맥이 막히자 비장과 신장 정맥을 통해 옆길로 전신 혈액순환이 이루어지면서 전혀 혈관 확장이 없는 정상 상태였다. 당시 간이식 수술은 보통 15시간 이상이 소요되는 최고난도의 수술이었는데, 이렇게 혈관이 아주 양호했던 덕분에 나의 이식 수술은 6시간 만에 종결됐다. 시간이 남아 맹장, 탈장 수술까지 가능했다고 했다.

이렇게 수술은 성공적으로 끝났고 수술 후 3일간은 별도의 중환자실에서 집중관리를 받아야 했다. 문제는 뜻하지 않은 곳에서 발생했다. 불행하게도 인공호흡기 충돌 ventilator fighting이 발생한 것이다. 보통 마취는 마취제와 근육이완제 두 가지를 사용하는데, 마취는 깨어났지만 근육이완제가 풀리지 않으면 환자의 호흡과 인공호흡기가 충돌하는 경우가 생길 수 있다. 즉 나는 호흡을 내쉬려고 하는데 기계장치는 확 들이미는 식이다. 이미 마취는 풀려서 주위 간호사들의 말소리까지 다 들리는데 숨은 제대로 쉴 수 없고 전신은 손가락 하나 꼼짝 못하는 상태로 누워 있어야 했다. 정말 이렇게 죽는구나 싶은 일 초 일 초가 흘렀다. 지금 돌이켜봐도 모골이 송연할 만큼 힘든 시간이었다.

지금까지도 아주 기이하게 생각되는 한 가지는, 별도 중환자실에서 보낸 사흘 내내 검은색 옷차림의 사람들이 내 주위를 둘러싸고 있던 장면이다. 아마도 옛사람들이 말한 저승사자나 귀신이었는지도 모르겠다.

사흘이 지나고 이후 7일간은 병동에 있는 다른 중환자실에서 치료가 이어졌다. 내 침상은 간호사 스테이션을 마주보고 있었다. 이승규 교수님은 매일 아침 6시 반이면 어김없이 나타나 모든 환자의 검사결과를 확인하고 일일이 환자를 보살폈다. 나는 아산병원에서 보낸 시간 동안 그를 관찰하며 현실에서 보기 드문 참인격자라는 인상을 받았다.

지금 이승규 교수님은 정년퇴임 후에도 석좌교수 신분으로 30년째 간이식 수술을 이끌고 있다. 세계 최초로 8000례 간이식을 성공적으로 마쳤다는 기사를 읽은 것이 2022년 11월이었으니, 해마다 500여 례 이상을 수행해온 그의 팀 전적을 감안하면 아마도 지금쯤이면 9000례를 향하고 있을 것이다. 교수님의 열정과 집념 덕분에 나 역시도 지금까지 생을 이어올 수 있었다.

당시에는 간이식 수술을 받으면 대략 2달 입원이 일반적이었다. 간호사가 당부하기를, 식사를 잘하고 계속 걸어야 한다고 했다. 그 얘기를 들은 며칠 뒤부터 나는 수술 후 처치로 착용해야 하는 배액관 7, 8개를 매달고 수술가운과 모자, 마스크를 쓴 채 병원 2층을 걷기 시작했다. 아산병원 2층에는 모든 검사실이 모여 있었다. 각 검사실마다 텔레비전이 있고 대기 환자를 위한 푹신한 의자가 놓여 있다. 힘든 몸을 이끌고 걷다 보면 정말 앉고 싶은 마음이 굴뚝같았다. 그 유혹을 이기지 못하고 한 번 앉으면 일어나지 못한다. 나는 입원기간 동안 한 번도 앉지 않았다. 하루에 병원 복도를 무려 대여섯 시간 동안 걸었다. 그렇게 걷고 나면 착용한 가운이 땀으로 흠뻑 젖어 있었다. 혹독한 운동의 결과는 회복 속도를 놀랍게 진전시켜서 나는 25일 만에 퇴원할 수 있었다.

이승규 교수님의 정성어린 보살핌으로 그 이후에도 간수치 증가 없이 양호한 상태를 유지했고 시간이 갈수록 전반적인 상태는 더 좋아졌다. 지금까지 내가 살아 있으면서 주어진 사명을 무리 없이 실행해 올 수 있었던 것은 모두 이 교수님과 소중한 신체를 공여해 준 그 학생 덕분이다.

돌아보면 의사로서 가장 치열했던 시절, 하루하루 가슴 졸이며 병마와 함께한 시간이 있었기에 오히려 나는 주어진 삶에 감사하며 겸손하게 살 수 있는 것 같다.

노사분쟁,
그리고 파업

두 차례의 신장이식 성공, 국내 최초의 췌장이식 성공 등
한림대학교의료원은 외형적으로나 질적으로도 급부상하며 세간의
주목과 인정을 받기 시작했다. 1986년 나는 한림대학교의료원장에
임명되어 의료원 경영에 본격적으로 참여하였다.

그러나 이러한 영광과 찬사는 오래가지 못했다. 1989년 어느 날
오후, 한강성심병원 직원이 서류 한 장을 들고 왔다. 노동조합에서
보낸 것이라고 했다. 당시는 노동조합이라는 말 자체도 생소했던
시절이었지만 점차 민주화와 더불어 노동운동의 지평이 열리고 있
던 시기다. 노동조합은 10가지 요구사항을 명시하고 있었는데 얼
핏 보기에도 상당히 지나친 요구들이었다.

생각할 시간이 필요했다. 내용을 들여다보며 고민하고 있을 때
마침 행정부원장이 들어왔다. 조합이 보낸 요구서를 보여주니 행

정부원장은 대뜸 그건 자기가 전문이니 맡기고 들어가라고 했다. 별일 아니라는 듯 너무 자신 있어 보이는 모습에, 당신 전문 분야라면 알아서 잘 처리하라고 맡기고 나는 퇴근했다.

다음 날 아침 출근해서 기가 막힌 얘기를 들었다. 어젯밤 조합이 요구했던 10가지 조항을 행정부원장이 다 들어준다고 했다는 것이었다. 아무리 생각해도 이건 아니었다.

협상을 다시 원점으로 되돌린 그날로부터 6일간 참으로 치열하고 파괴적인 노동운동을 겪게 되었다. 눈앞에 펼쳐진 엄혹한 현실을 다시 한 번 확인하는 순간이었다. 그동안 같은 목표를 향해 밤낮없이 매진해온 동료와 직원들은 다 어디로 사라졌는지 참으로 야속하게 느껴졌다. 노동조합 사태는 곧바로 6개 병원의 전면 파업으로 이어졌다. 각 병원의 원장은 물론이고 행정부원장까지 어느 한 사람도 나를 찾아온 이가 없었다. 갑자기 하루아침에 세상이 뒤집힌 것 같았다. 로비에는 노조원들이 머리에 띠를 두르고 농성을 계속하고 있었다.

참으로 안타까운 것은 500명이나 되는 환자들이 식사를 못하도록 방해한 부분이다. 다른 건 몰라도 이것만큼은 당장 해결책을 마련해야 했다. 나는 식당에 내려가 조리사들을 불러놓고 3시간이 넘도록 그들을 설득했다. 그렇게 진이 다 빠진 채로 1층 로비로 올라와보니 방금 전 얘기를 나눈 그들이 모두 농성장에 앉아 있었다. 순간, 인간적인 비애가 뼛속까지 관통하는 느낌이었다. 명색이 병원에서 일하는 사람들이 어쩌자고 환자들을 볼모로 삼는 것인지,

승강기를 통해 식사가 배달되면 노조원들이 기다리고 있다가 쓰레기통에 가져다 버렸다.

이렇게 되자 환자들은 당장 굶을 판이었다. 지금처럼 대량의 식사를 배달하는 업체 같은 건 상상도 못했던 당시에는 달리 방법이 없었다. 할 수 없이 과장과 행정 간부의 부인들이 급하게 동원돼 음식을 만들어 배식하는 것으로 겨우겨우 첫 날의 위기를 모면했다.

그날 밤 자정을 지나 2시쯤 되었을까, 당시 노동조합 산하 조직의 간부들이 내 방에 들이닥쳤다. 그들은 대뜸, 보아하니 젊은 원장이라 세상 물정을 모른다, 이런 식으로 대응하다간 병원 문을 닫게 될 거다, 그러니 우리 말에 순순히 따르라며 으름장을 놓았다. 그때부터 나와의 실랑이가 시작되었다. 죄송하지만 병원이 문을 닫든 망하든 그 모든 것이 나의 일이다, 왜 나이도 지긋하신 여러분이 건강도 살피지 않고 이렇게 새벽에 찾아와 소란을 피우는가, 내일은 내가 알아서 할 테니 돌아가시라고 말했다. 그들은 내가 정신 못 차렸다면서, 협박과 회유를 반복하며 그로부터 두 시간 가까이 나와 기싸움을 벌였다. 결국 도저히 안 되겠다 싶었는지 밖으로 나가면서는 트렁크에 싣고 온 우유와 빵을 농성 중인 노조원들에게 선심 쓰듯 뿌려주며 그들을 한껏 격려해주고 떠났다.

사태는 쉽사리 끝날 것 같지 않았다. 두꺼운 강화유리문을 사이에 둔 채 병원 안에서는 나를 필두로 뒤에는 행정직원들이, 밖에서는 노조원들이 대치하는 상황이 계속되었다. 결국 다급해진 노조원들은 몸으로 밀고 들어오려 압박을 가하기 시작했고 군중의 무게를 견디지 못한 유리문이 마침내 갈라지기 시작하자 양쪽의 흥분은 극에 달했다. 노조간부 한 명이 쓰러진 노조원들의 어깨를 밟으면서 나에게 달려들었다. 하지만 나는 180센티미터에 건장한 체구를 가진 장정이었다. 덩치로든 힘으로든 절대 밀리지 않을 자신이 있었고, 더군다나 병원을 지켜내야 하는 막중한 책임을 지고 있지 않은가. 우리의 몸싸움이 시작되자 사태는 걷잡을 수 없게 됐다.

병원의 사방 벽과 유리창에는 빨간 글씨로 온갖 비방의 글들이 쓰여 있었다. 당시 노조위원장을 맡은 이는 방사선과 기사장이었다. 나는 사실과는 무관한 내용의 비방들은 지워달라고 부탁했지만 위원장은 내 간청 따위는 들은 척도 하지 않았다. 하는 수 없이 나는 직원들을 동원하여 눈에 띄는 모든 글자와 비방문을 지우고 떼어냈다. 그렇게 고된 작업을 마치고 사무실로 돌아오자마자 총무과장이 뛰어 들어왔다. 방금 우리가 수습한 자리에 노조원들이 다시 죄다 써 붙였다는 것이었다. 이제는 정말 참을 수 없었다. 나는 그 길로 기사장에게 달려갔다. 같은 의료인으로서, 도리상으로도 이건 너무 지나치지 않느냐고, 화가 머리끝까지 치밀어 의사 가운을 그 자리에서 찢어버렸다.

하루 이틀이 지나면서 파업은 점점 수위가 높아갔다. 그런데 갑자기 노조위원장이 사망했다는 소식이 전해졌다. 난데없는 비보에 어찌 된 영문인지를 물었더니 파업 중에도 홍천강에서 수련하는 스킨스쿠버 수료식에 참여했다가 물에 빠져 사망했다는 것이다. 안타까운 소식에 곧바로 고인이 된 위원장 집으로 조문을 보냈다. 집에는 노모가 계셨는데 아들의 사망 소식에 너무 충격을 받으실까 봐 조심스럽게 어머님을 보살폈다.

이러한 와중에 노조 간부들은 이제 자기들 세상이 왔다면서 매일 밤 술집에 가서 방탕한 생활을 즐기고 있다는 얘기가 들렸다. 나는 총무과 직원에게 노조원들이 무슨 돈으로 비싼 술집에 가는지 알아보라고 했다. 예상대로 그들은 공금에 손을 대고 있었다. 이러한 사실이 알려지면서 그리고 기타 여러 가지 연유로 인해 조합원들이 실신하고 응급실로 실려가는 사태가 발생했고 노조는 결국 백기를 들었다. 총 6일간의 짧은 시간이었지만 서로에게 상처를 남긴, 파괴적이고 희생적인 사건이었다. 이렇게 노사 문제는 진정되었고 병원은 정상을 찾아가기 시작했다.

당시 우리 의료원에는 재단이 두 곳 있었다. 성심중앙유지재단과 성심의료재단이다.

성심의료재단 소속의 강동성심병원은 700병상의 최신식 건물로, 의료원의 플래그십flagship(대표매장)과 같은 병원이었다. 노조 파업을 마무리한 지 3개월이 지났을 무렵, 강동성심병원 행정부원장은 의료법인에도 또 다른 노조가 생겼다고 보고했다. 이번에는 직원의 70퍼센트가 이미 조합원에 가입하여 상대하기 힘들 것 같다고도 했다. 나는 15층 회의실에 간부들을 모두 소집했다. 그리고 의료진과 임원들이 참석한 자리에서 행정부원장을 바로 보직 해임시켰다. 덧붙여 15개 부서장들에게 앞으로 자기 부서를 장악하지 못하는 사람은 행정부원장과 같이 보직을 떠나게 될 것이라고 선언했다. 이러한 강수가 효과를 발휘했는지 조직은 서서히 안정을 찾아가는 듯했다.

강동성심병원에서는 일주일에 한 번 업무보고를 받았기 때문에 작은 방 하나를 내 사무실로 쓰고 있었다. 어느 날 노동조합원이 면담을 신청해왔다. 약속 시간에 문을 빼꼼히 열고 들여다보는 이들은 보일러실 직원, 건물 관리를 담당한 직원들이었다. 추측컨대 나를 상대로 협상할 때 필요한 매너를 사전에 상위 노동조합으로부터 교육받았는지 모두 양복을 갖춰 입고 가죽가방을 든 차림새였다. 아마도 동등한 위치에서 당당하게 맞서라고 주입했으리라. 다만 지금 사무실 문을 열고 들어서는 조합원들은 그런 대담함까지는 미처 장착하지 못한 듯 보였다.

나는 대뜸 호통을 쳤다. "뭡니까, 다들 근무시간에 근무는 안 하고 도대체 나랑 뭐하자는 거지요? 양복에 가죽가방 들면 내가 겁이라도 먹을 것 같습니까?" 그들은 예상치 못한 반격에 당황해 어쩔 줄 몰랐다. 이어서 무슨 할 말이 있어 왔느냐고 다그치니 쭈뼛쭈뼛 들어오지도 나가지도 못한 채 엉거주춤 서 있었다. 어쨌든 요구 조건을 들어봐야 했기에 들어와 앉으라고 했더니 서로 눈치를 보며 들어와 의자 끝에 엉덩이만 겨우 걸터앉았다. 그렇게 시작된 그날의 면담은 노동조합, 노조활동에 대한 나의 단호함에 기세가

눌린 조합원들이 요구사항도 제대로 꺼내지 못한 채 허둥지둥하다 도망치듯 사무실을 나가는 것으로 마무리되었다.

그리고 일주일 후 다시 노조원 면담 요청이 왔다. 이번에는 제대로 예의를 차렸다. 처음부터 정중한 태도로 간청하기를, 자신들 부탁 하나만 들어주면 앞으로 노조는 접겠다고 했다. 노조활동을 하는 건 각자의 자유인데 서로에게 이익이 되는 합리적인 요구사항이라면 수용하지 못할 것도 없다고, 나 역시도 전향적인 자세로 대답하니 비로소 그간의 사정을 털어놓았다.

면담 내용을 이 자리에서 자세히 밝히기는 적절하지 않아 생략하지만, 지금 돌아보면 노동운동이 막 시작된 당시의 불가피한 시행착오 과정이었다는 생각이 든다. 무엇이 우선이고 무엇을 최선으로 삼아야 하는지, 운동의 지향점도 명확하지 않고 그것의 추동력도 단단하지 못했던 시절의 한 장면이다. 우여곡절 끝에 협상을 성공적으로 마무리하고 나는 그들과 병원 근처 식당에서 저녁을 함께했다. 서로 술잔을 주고받으며 지나간 일은 잊고 앞으로 함께하자는 이야기로 마무리 지었다. 이리하여 강동성심병원의 노조는 잦아들었다.

일송학원
제2대 이사장 취임

　　1989년 11월 21일, 학교법인일송학원 정기이사회에서 윤
덕선 이사장은 오늘부로 당신은 명예퇴진을 하고 학교법인일송학
원의 차기 이사장으로 윤대원 의료원장을 추대한다고 발표했다.
사전에 어떤 상의나 언질도 없으셨기에 나에게 그 임명은 너무 놀
랍고 무거웠다.

　　그렇게 나는 약관 마흔네 살에 아버지의 승계 의지에 따라 갑작
스럽게 2개 대학교(한림대학교, 한림성심대학교)와 한림대학교의료원
을 통솔하는 자리에 임명되었다. 실질적으로 의료원 산하 5개 병원
은 7, 8년 전부터 총괄 지휘해왔지만, 대학은 설립자께서 직접 모
든 것을 전·현직 총장들과 이끌어 오셨던 터라 그 부담은 갑절로
다가왔다.

　　돌이켜 생각해보면 아마도 아버지는 1987년 국내 최초로 췌장

이식 수술을 개척한 사례와 1989년 일송학원 창립 이래 가장 극렬했던 6일간의 노사분쟁을 원만히 수습한 이력, 그리고 그동안 한강, 강남성심병원의 경영과 복지관 등에서 이루어낸 성과를 보시고 결심하신 듯하다. 일련의 과정을 지켜보면서 이제 당신은 뒤로 물러나고 후계자가 나설 때가 되었다고 판단하지 않으셨을까 짐작한다.

갑작스러운 이사장 선임에 주위에서는 걱정 반 기대 반으로, 젊은 나이에 큰 기관을 맡게 되었으니 울타리가 필요할 것이라고 조언을 했다. 그 충고에 따라 장관들 모임에도 나가고 여러 대외활동에도 적극적으로 참여하면서 나는 병원 밖 세상을 경험했다. 그렇게 3년간을 학습한 결과, 결국 울타리라는 것은 정작 도움이 필요할 때는 전혀 무용지물이라는 현실을 똑똑히 인식하게 됐다.

나는 고민에 빠졌다. 그러면 이제 어떻게 할 것인가. 그간 조직의 책임자로서 경험한 것들을 바탕으로 과연 어떤 리더십이 가장 현명한 것인지, 선대가 이루어놓은 토대를 다지고 그 뜻을 계승 발전시키기 위해서는 무엇을 최우선으로 삼아야 할지를 치열하게 고민했다.

그리하여 마침내 한 가지 답을 찾아냈다. 나 자신과 학교법인일송학원이 나아가야 할 방향은 바로 정직함, 즉 투명경영이다. 한 점 부끄러움 없는 삶에는 어떤 방패나 울타리도 필요 없지 않겠는가. 또한 거짓 없는 정직한 삶만이 나를 자유인으로 만들어줄 것이라는 나름의 철학도 세웠다. 아주 사소한 일에서부터 흐트러짐 없이 공사를 분명히 하고 정직하게 처신한다면 어떠한 불안이나 두려움도 가질 이유가 없다고 믿었다. 지금 돌이켜봐도 젊은 나이에 정립한 가치관으로는 현명하고 올바른 신념이라고 생각한다.

| 1988년 한림대학교 학위수여식에서

자유롭고 당당한 삶의 열쇠,
정직

      1989년 이사장 취임 이후 지금까지 40여 년간 나는 이 신념과 원칙에서 벗어난 적이 없다. 물론 법인의 공금 또한 한 푼도 유용하지 않았다.

    대학이나 의료원 같은 기관에는 언제나 사적 편취에 대한 유혹이 많다. 예를 들어 부정입학의 청탁, 약품이나 재료, 고가의 장비 구매뿐만 아니라 수많은 건설공사에 따른 비리까지, 부정의 여지는 그 경우를 헤아릴 수 없을 정도다. 1980년대까지만 해도 인턴, 레지던트 선발 등에서도 청탁이 비일비재했으므로 내 주변에는 온갖 제안과 부탁이 끊이지 않았다. 하지만 나는 마치 외계에서 온 사람처럼 어떤 제안과 호의에도 일절 응하지 않았다.

    처음에는 나의 속내를 반신반의하던 이들도 우직하게 원칙을 고수하는 시간이 지속되자 점차 생각을 달리하게 되었다. 결국 제약

회사나 고가 장비회사, 건설회사들까지, 윤대원 이사장과 일송학원은 참으로 유별나서 세간의 관행이 통하지 않는 사람이고 기관이라는 평판이 자리 잡게 되었다.

정답을 찾았다면 실천으로 증명하면 될 일이다. 정직하게 사는 이상 두려움이나 비굴함은 가질 필요가 없다. 이렇게 5, 6년의 시간이 지나면서 나는 비로소 진정한 자유인이 되었다. 우리 기관이나 내게 부당한 방법은 통하지 않는다는 것을 거래처 모두가 분명히 인지한 뒤로 부정한 제안들은 자취를 감췄다. 4년마다 받는 국세청 정기감사도 언제나 무결점 인증이 축적되면서 국세청, 교육부 심지어 사법부에 이르기까지, 학교법인일송학원은 곧이곧대로 일하는 정직한 기관이라는 정평이 났다.

물론 우리를 잘 모르는 사람들은 일송학원이라고 별다를 게 있겠어, 그렇게 생각했다가 내막을 알고 나서는 이런 조직이 실제로 존재한다는 사실에 감탄했다는 말을 듣곤 한다. 삶의 지혜라고 할까 또는 정신이라고 할까, 나는 내 아이들에게도 항상 이러한 신념을 강조하며 주의를 기울이도록 당부한다. 항상 정직해라, 아주 작은 것에서부터 정직해야 한다, 바늘 도둑이 소 도둑이 된다는 말을 명심해라, 정직함이야말로 너희의 삶을 자유롭고 당당하게, 그리고 세상을 밝은 눈으로 보게 할 것이라고 말해준다. 아이들도 내 말에 고개를 끄덕인다.

윗물이 맑아야 아랫물도 맑은 법이다. 학교법인일송학원의 이사장은 비영리법인의 공식적인 책임자다. 그러므로 기관이나 운영 과정에서 개인의 이익을 취한다는 건 있을 수 없는 일이다. 책임자로서 내가 보여준 강직함은 알게 모르게 전 조직에 영향을 미쳐 조직원들의 정직한 삶을 강화하는 데 일정 부분 역할을 했다고 본다. 물론 우리 기관에서도 소소한 일탈은 있었지만 전체적인 흐름은 올바른 방향에서 크게 벗어나지 않았다고 생각한다.

정직은 상호간의 믿음을 창출한다. 상호간의 믿음은 조직적 신뢰로 발전하고 그것이 바로 우리가 늘 말하고 원하는 가족 같은 관계의 토대를 만든다. 저마다 중시하는 삶의 가치는 무수히 많겠지만 나는 정직만큼 중요한 가치도 드물다고 생각한다. 일면 너무 당연하고 평범한, 쉽게 입에 올리는 단어지만 막상 실천하기란 절대 만만치 않은, 특히 세상의 온갖 유혹을 무릅쓰고 지켜내기에는 각고의 노력이 필요한 가치다.

화합과 축제의 한마당
일송가족의 날

한림대학교의료원의 성장은 국내외 어디에서도 유례를 찾기 힘들 만큼 외형적으로나 질적인 면에서도 놀라운 사례로 꼽힌다. 설립자 윤덕선의 불도저 같은 추진력은 10년 만에 종합병원 3개를 세웠고, 대학과 대학부속병원들이 연달아 개원하며 대형의료원으로서의 기반을 다져가고 있었다. 그렇게 조직이 급성장하던 1980년대, 지역별로 분산된 다양한 구성원들의 소속감을 북돋우고 의료원이라는 한 울타리 안에서 단합과 단결, 자부심을 고취시키기 위한 친목의 장이 필요해졌다. '일송가족의 날'이 생겨난 배경이다.

1980년 초 마석 수동면의 한 기독교 연수원에서 제1회 체육대회가 열렸다. 1박 2일 일정으로 전 조직의 구성원이 토요일 오전 일과를 마치고 여러 대의 버스로 나눠 타고 연수원에 모였다. 선수

선서와 개회선언을 시작으로 100미터 남자 경주, 공차기 경주, 2인 3각, 100미터 여자 경주, 줄다리기 등의 경기와 열띤 응원이 어우러졌다. 시상과 축하, 푸짐한 상품이 오가고 캠프파이어로 마무리된 행사는 잠들기 아쉬워 새벽까지 담소를 나누는 직원들의 이야기소리와 웃음소리로 이어졌다. 일요일 오전에 귀원하는 스케줄이라 육체적으로는 힘들었지만 잠깐의 만남으로도 의욕은 고양됐고 서로의 동료애는 더 돈독해졌다.

1982년 춘천시 봉의산 중턱에 한림대학교가 개교하면서 산자락 아래에 작은 운동장이 마련되었다. 이제 우리 기관에서 일송가족의 단합의 의지를 굳힐 때라고 생각했다. 그리하여 제3회 대회는 1983년 10월 한림대학교 운동장에서 열렸다. 처음으로 춘천에서 개최한 행사였다. 서울에 소재한 병원의 직원과 가족들 1000여 명은 전세 기차편을 이용하기로 했다. 집결지였던 영등포역과 청량리역은 새벽부터 떠들썩했다. 춘천 나들이를 겸한 행사였는지라 기차에서의 즐거움도 남달랐다. 팀별로 유니폼을 차려 입었으므로 기차에서부터 경쟁이 시작되었고, 다른 유니폼을 입은 직원이 자기 차량에 등장하면 구박을 해가며 즐거워했다.

대규모 인원이 움직이는 행사는 처음이어서 시행착오도 많았다. 가장 난감했던 것은 전날부터 준비한 도시락이 막상 당일 점심에는 먹을 수 없는 상태가 됐다는 것이다. 그 또한 좋은 경험이 되어 그다음 해 행사에서는 작정하고 10개의 큰솥을 준비했다. 그리고 봉의산 아래 공터에 솥을 걸고 소 한 마리를 잡아 열 군데에서 밤새도록 우거지 갈비탕을 끓였다. 그렇게 준비한 진국은 대성공작이 되어 행사 내내 온 가족의 속을 든든히 채워주었다. 일송가족 체육대회는 단순히 젊은 사람들만의 행사는 아니었다. 설립자 윤덕선 박사를 비롯한 현승종 전 총리, 정범모 전 총장, 장익렬 원장 등 많은 원로 교수들도 오랜만에 반갑게 만나 이야기 나누고 술잔도 기울이는, 그야말로 재회의 기쁨으로 행복한 자리이기도 했다.

이후 대회는 '일송학원 종합체육대회', '일송가족 한마음대회', '일송가족의 날'로 이름을 바꿔 진행되었다. 참여 인원도 해마다 늘어 1980년대 후반에 3000여 명, 1990년대 중반 이후에는 4500여 명에 이르렀다. 행사 참여기관은 의료원 산하 병원, 대학교, 재단본부와 복지관 등을 총망라했다. 장소는 한림대학교 혹은 한림성심

| 일송가족의 날

대학교 교정에서 주로 개최되었다. 체육대회와 장기자랑이 행사의 양대 축이었고 상품도 푸짐했으므로 운동경기뿐만이 아니라 각 기관의 응원 경쟁도 대단했다.

어린 자녀들도 함께한 가족을 위해 유아방이 따로 운영되었고, 어린이를 위한 사생대회 및 물고기 잡기, 풍선 놀이경기 등 다양한 연령에 맞춘 다채로운 게임 프로그램도 병행되었다.

당시 강원도에는 여자고등학교 고적대가 있었다. 고적대 학생들은 화려한 단복에 타악기, 관악기 등을 연주하며 리듬에 맞춰 멋진 퍼레이드를 보여주었다. 하늘에는 행글라이더가 날고 축포가 터지며 우리 가족의 신명나는 축제 한마당을 온 도시에 알렸다.

일송가족 체육대회는 오전에는 축구, 계주, 줄다리기, 발볼링, 피구 등 다양한 종목에서의 운동 경기를 펼치고 오후에는 장기자랑을 진행하는 일정으로 짜여졌다. 무엇보다 때마침 레크리에이션 센터가 개원하면서 항상 날씨 문제로 가슴 졸여야 했던 집행부는 걱정에서 벗어났다. 덕분에 우천에도 안심하고 오후 행사를 진행할 수 있었다. 장기자랑은 저마다 숨겨둔 끼가 제대로 방출되는 자리가 돼 멋진 독무, 카리스마 넘치는 군무, 병원장과 함께하는 깜찍한 댄스, 그리고 뮤지컬과 연극까지, 상상도 못했던 다양한 무대가 펼쳐졌다.

그러나 이렇게 전 구성원의 구심점 역할을 했던 '일송가족의 날'은 2017년 제26회를 마지막으로 마감되었다. 장기자랑에 참여한 간호사들의 복장을 놓고 언론이 선정적으로 보도하면서 행사의 취지와 목적이 악의적으로 왜곡돼 일파만파 퍼졌기 때문이다. 이 부분에 있어서는 억울하고 답답하여 이 자리에서 잠깐 해명을 해야겠다.

의료원은 조직 구성상 젊은 간호사들의 비중이 매우 높다. 자연히 각 병원마다 간호사들 사이에 보이지 않는 경쟁이 치열하다. 특히 이런 행사를 앞두고는 기관별 경쟁에서 이겨야 한다는 또래 특유의 자존심에 강도 높은 연습과 훈련을 했을 것이다. 노래에서부터 춤에 이르기까지, 그들이 보여준 정말 놀라운 수준의 무대가 그 증거다. 무대에 오른 이들뿐만 아니라 전후방 지원을 아끼지 않은 소속 기관들의 열정 또한 순수하고 대단했다.

장기자랑이 펼쳐지는 동안 무대 앞쪽으론 각자 소속에 따라 400여 명의 응원단이 자리 잡았고 맨 뒤에 공연 평가위원들이 배석했다. 각 기관장들은 평가와 점수를 매겨 우승과 준우승, 3위 팀을 비롯해 다양한 상품과 경품을 전달했다. 열정이 뜨거웠던 만큼 치열한 경쟁 끝에 우승을 차지한 팀에게는 찬사와 칭찬이 쏟아졌다. 내 기억 속 마지막 일송가족의 날은 그 어느 때보다 감동적이었고 출연자들의 훌륭한 연기에 감탄과 극찬을 아끼지 않았으며 나 또한 그들에게서 자부심과 자신감을 얻었을 만큼, 내가 꿈꾸던 의료원의 단합된 모습이 눈앞에 구현된 시간이었다.

몇 번을 돌이켜 생각해봐도 그날의 행사는 다같이 즐기고 서로를 격려하는 자리였을 뿐 누구 한 사람을 위한 선정적인 위무 공연

| 일송가족의 날

도, 타의에 의해 강요된 무대도 결단코 아니었다. 그러나 우리 중 누구도 의식하지 못했던 비난과 억측이 쏟아지면서, 수십 년 동안 구축해온 일송가족의 정신은 해명조차 허락되지 않은 채 하루아침에 사라져버렸다.

사건 당시 재단과 의료원은 신속하게 대응했다. 문제가 불거진 '일송가족의 날'과 '주간 화상회의'를 바로 폐지했고 전반적인 조직문화 개선 작업에 들어갔다. 정시 출퇴근, 자율적 연차휴가, 교육과 행사의 개선, 근무시간 외 업무지시 금지, 폭언·폭행·성희롱 금지 및 행위자 엄벌 등의 조치를 시행하고 덧붙여 직원 복지를 강화했다.

한편 이 사건 자체는 이후 국가인권위원회의 인권침해 조사 결과에서 노동조합의 탄원서 등을 근거로 2019년 1월에 각하 처분이 내려졌다. 또 노동청의 근로감독에서도 조사가 성실히 이루어졌고 이에 따라 서울 남부·수원·춘천지방검찰청에서 기소유예 및 무혐의, 공소권 없음으로 처분돼 말끔하게 일단락되었다. 유감스러운 부분은 당시에는 서로 경쟁하듯 선정적인 보도를 내보냈던 언론사들이 사건이 마무리된 후에는 거듭된 요청에도 불구하고 하나같이 정정보도를 외면했다는 점이다.

여전히 숱한 의문과 회의가 남은 채로, 오늘 나는 깊은 자성의 시간을 지나고 있다. 어떤 잘못이든 다시 반복되어선 안 된다는 마음으로, 우리가 정성을 다해 일구어 온 일송가족의 정신만큼은 반드시 명예 회복시켜야 한다고 다짐하면서, 언젠가 다시 함께 모여 지금을 추억할 시간이 오기를 고대하고 있다.

거목,
쓰러지다

　　1996년 나는 여전히 B형 간염 치료를 진행하며 투병 중이었다. 3월 10일 일요일, 내 방에서 링거로 알부민을 맞고 있었는데 비서실장으로부터 전화가 왔다.

　"아버님이 별세하셨습니다."

　순간, 하늘이 꺼지는 듯한 충격으로 아득해졌다. 아버지는 그 전날인 토요일에 어머니와 작은아버지, 작은어머니와 함께 제주도에 골프를 치러 간다고 하셨다. 제주도에는 작은 별장이 있다.

　3월인데도 제주도에는 심한 바람이 불었다. 참 을씨년스러운 날씨였다. 네 분은 토요일에 이어 일요일 오전에도 골프를 쳤고 이후에 서귀포에 있는 작은 귤농장의 소장 부부를 초대해 중국집에서 함께 식사를 하셨다. 식사 후 별장으로 돌아와 잠깐 눈을 붙였는데 깨어보니 아버지가 보이지 않았다 한다. 한참을 기다려도 오시지

않자 걱정이 된 어머니는 작은아버지에게 형님이 나간 지 오래됐으니 나가서 찾아봐달라고 부탁하셨다.

우리 별장 근처에는 아주 아름다운 프린스 호텔이 절벽을 배경으로 자리 잡고 있었다. 작은아버지가 호텔 주변을 한 바퀴 다 돌아보고 왔더니, 사람들이 가득 모여 있고 앰뷸런스까지 와 있었다. 뭔가 섬뜩한 느낌에 달려들어 가보니 형님이 돌아가셨다는 것이 아닌가. 쓰러진 위치를 보아서는 한기에 몸을 덥히려 목욕탕에 들어가려 하셨던 것 같다. 평소에는 사우나를 하지 않던 아버지셨는데 도무지 믿을 수 없는 상황에서 황망한 일이 벌어지고 말았다. 나는 감당할 수 없는 충격에 휩싸였다.

김포공항에서 아버님 시신을 인계받아 앰뷸런스에 모시고 강동성심병원으로 향했다. 그 비통함과 슬픔을 어찌 말로 표현할 수 있으랴. 우리는 청량리 자택에서 가족장을 치렀다. 빈소가 차려진 이튿날부터 김수환 추기경님을 비롯해 김우중 대우그룹 회장, 강영훈 대한적십자사 총재 등 각계 명사 1000여 분이 문상을 오셨고 이수성 국무총리는 의료 및 교육과 국가사업 발전에 끼친 공로를 기려 국민훈장 무궁화장을 전달하셨다. 3월 14일 강동성심병원에서 영결식을 거행하고 춘천 한림대학교에서 고별식을 치렀다. 아버님은 1000여 명 직원들의 배웅을 받으며 한림대학교, 춘천성심병원, 한림성심대학 등 생전에 오가던 길을 거쳐 남양주시 금곡릉 근처 선산 묘역에 안장되셨다.

'하늘이 무너지는 아픔'이라 하지 않던가. 더군다나 아버지는 내게 줄곧 그늘이 되어주신 거목이었다. 나는 아버지뿐만 아니라 인생의 스승이자 우상까지 한꺼번에 잃은 충격으로 휘청거렸다. 너무 급작스러운 타격에 내 몸도 쇼크를 받아 건강 상태는 최악의 지경에 이르고 있었다.

하지만 슬픔에 넋 놓고 있을 때가 아니었다. 나는 병마의 고통도 이겨내야 하고, 재단과 의료원 전반을 책임지고 이끌어야 하는 절박한 시점에 서 있었다. 이제 어떻게 할 것인가. 대학과 5개 병원을 어떻게 해야 하나. 결단을 내려야 할 시간이었다.

나는 결심했다. 내 몸부터 추스른다고 물러나 상황을 관망할 게 아니라, 남은 마지막 힘을 끌어내 최선을 다하는 길만이 이다음 세상에서 아버지를 떳떳하게 뵙는 길이라고 생각했다. '어차피 언젠가는 죽을 목숨, 최소한 이 자리에서 발전은 이루어놓고 죽자'라고 결연하게 다짐했다. 한마디로 필사즉생의 각오였다.

이제 의료원뿐만 아니라 대학까지 최소한 일주일에 한 번은 가야 하는 상황인데, 천근만근인 몸으로는 춘천을 한 번 가는 것조차 힘에 부쳤다. 어떤 때는 너무 기력이 떨어져 금곡에서 잠깐 내려 목욕탕에 들어가 쉬기도 했다. 이렇듯 기진맥진 사력을 다해 버텨야 했던 시간이 계속됐다.

그렇지만 아무리 힘들다 해도 한림대학교성심병원 개원만큼은 미룰 수 없는 일정이었다. 아버지께서 마지막까지 정성을 기울인, 오로지 지역사회 주민을 위한 '환자중심병원, 지역중심병원'의 과제를 마무리 지어야 했기 때문이다. 나는 투병 중에도 일일이 설계를 재점검했고 끊임없이 진척 상황을 살펴야 했다. 그렇게 고군분투하며 상량식이 거행된 것이 1997년 11월. 마침내 무사히 첫 삽을 떴다는 안도감에 잠시 그간의 무거운 책무감에서 벗어나 숨을 돌릴 수 있었다.

그러나 어느 누구도 예상치 못했던 절체절명의 위기, IMF라는 국가적 외환위기가 기다리고 있을 줄은 그때만 해도 알지 못했다.

일송을 회고하며

오직 인술의 길을 열다

일송 윤덕선의 삶과 의료 철학에는 가톨릭의 사랑과 봉사 정신이 깊숙이 자리 잡고 있다. 가톨릭 집안에서 태어나 독실한 신자였던 일송은 평안도 고향에 세운 첫 번째 병원 이름을 '성심聖心'으로 지었다. 예수의 사랑을 뜻하는 '성심'은 이후 설립한 모든 병원에 붙는 명칭이자 지향성이 되었다.

일송은 1950년대 중반 미국 유학에서 돌아와 가톨릭의과대학과 가톨릭중앙의료원의 창설과 성장을 주도했다. 본격적인 교육, 의료 경영, 사회봉사를 모두 가톨릭의 품 안에서 시작한 것이다. 이후 가톨릭의과대학과 명동성모병원(가톨릭의대 부속병원의 전신)을 퇴직한 뒤 13인과 뜻을 모아 사단법인 '한국의과학연구소'를 결성하고 중구 필동에 필동성심병원을 세운다. 필동성심병원은 개원 직후부터 환자가 넘쳐나 1년 만에 13만여 명의 외래 환자가 치료받고 병상 수도 200여 개로 늘었다. 의사들이 주도하여 종합병원을 세우고 성공한 사례는 의사 출신 경영자들에게도 고무적인 사건이었고 명동성모병원에 이어 새 병원 경영에도 성공한 일송에 대해 '병원 경영의 귀재'라는 말이 퍼질 정도였다.

그러나 영등포 일대에 새 병원을 만들자는 제안에서 의견이 갈라지면서 일송은 13인의 설립자들과 헤어졌다. 그에게 남은 것은 오직 전농동에 위치한, 거의 20년째 살고 있는 한옥 한 채뿐이었다. 그는 1971년 당시 한강 이남에 종합병원이 없다는 사실을 인지하고, 정말 병원이 필요한 곳에 반드시 병원을 세우겠다는 강한 의지를 갖고 있었다. 그러나 오랜 염원과는 달리 실제로 손에 쥔 재원은 없었다.

마침 고향의 어른인 정일영 박사(전 외무부 장관)와 이태영 여사(한국 최초의 여성 변호사)가 평양고보 시절부터 주목해오던 일송의 소원을 인지하고는 그에게 힘을 실어주기로 한다. 정일영 박사는 당신이 소유한 영등포 로터리 근처 330평 대지를 헐값에 주다시피 하며 뜻을 한 번 펼쳐보라고 격려했다. 그러나 종합병원을 세우기에는 턱없이 좁은 땅이었던 데다 문제는 병원을 세울 자금마저 없는 상황이라는 점이었다.

때마침 대한항공 故 조중훈 회장의 형제인 조중식 대표가 이끌던 건설회사 한일개발(현재 한진중공업)은 다방면으로 수주 활동을 물색하던 참이었다. 당시 중동 건설 붐이 수그러들면서 건설 장비를 중동에서 철수하여 유휴 상태로 두고 있었던 데다 공사 실적이 없어 애로에 봉착해 있었다. 일송이 재원이 없어 병원을 짓지 못한다는 사실을 접한 조중식 대표는 우선 한일개발이 병원을 지어줄 테니 건축비는 3년 후에 상환하라는 조건을 제시했다. 이렇게 양측의 이해관계가 맞아떨어진 덕분에 마침내 1971년 12월 18일 한강성심병원이 개원한다.

개원식에서는 중앙대학교 설립자이자 대한민국 첫 번째 여성 상공부 장관인 임영신 박사의 축사도 있었다. 임영신 총장은 개원 기념으로 맨 먼저 입원하여 병원의 공식 환자 1호가 되어주었다. 한강성심병원은 영등포 시장과 인접한 한강 백사장에 건립되었는데, 당시 한강변을 오가는 사람들은 백사장 위에 병원 건물이 올라가는 장면을 볼 수 있었다. 백사장에 건물을 세우다니 지금으로선 믿기지 않는 이야기이지만 실제로 한강성심병원 지하 공사 중에 퍼

| 1971년 12월 18일 한강성심병원 개원식

낸 시새(강모래)는 자갈 하나 없는 그야말로 백사장 모래여서 그 시새 양만큼 공사비에서 차감하기도 했다. 이렇게 세워진 한강성심병원은 인근의 영등포와 마포뿐 아니라 현 강서구 일대 및 관악구, 시흥, 김포, 안양에 이르는 광범위한 지역을 아우르는 의료의 중심이 되었다.

이렇게 시작한 한강성심병원이 다른 병원과 달랐던 몇 가지를 주목해보면 첫째, 개원과 더불어 월 2회 의료 사각지대를 직접 방문해 무료진료를 실시했다. 당시 강서구는 아직 존재하지 않았고 영등포구와 관악구, 동작구가 있었다. 저 멀리 김포와 광진구에는 사람들이 살고 있었지만 강남이나 영동 등은 개발되지 않은 산지였던 때다. 특히 영등포구는 당시 서울에서 가장 인구가 많았던 곳으로 1970년에 벌써 120만 명이 넘었는데, 노동자와 영세민이 많았던 이 지역 주민들은 산업재해와 각종 전염병에 그대로 노출돼 있었다. 따라서 한강성심병원의 무료진료사업은 절대적으로 필요한, 그리고 누군가는 반드시 해야 할 인술이었다. 이는 자선병원의 필요성을 가져왔고 마침내 1975년 2월에 개원한 성심자선병원에는 무료진료 현장에서 입원이나 수술이 필요한 환자들이 이송돼 연계 치료를 받았다. 국가가 복지나 무료진료에 여유를 가질 수 없었던 시절, 그 역할을 앞서 수행한 최초의 민간 무료병원이었다.

또 한 가지 특징은 일송 특유의 치고 나아가는 저돌적인 성격에서 찾을 수 있다. 한강성심병원 개원 이후 10년간은 강남성심병원과 동산성심병원을 연달아 세우고 운영하는, 그야말로 앞만 보고 내달린 초고속 성장 기간이었다. 그런 와중에 1977년에는 미국령 괌에 '마리아나 메디컬 센터'라는 148병상의 병원을 세웠다. 한국 의료진과 재미교포 의사들로 구성된 의료진이 2년간 위탁 운영을 맡은 한국 최초의 해외 의료사업이었다. 이는 공공법인 차원에서 병원 경영과 의료 기술을 해외로, 그것도 미국으로 진출시킨 첫 사례다.

반면에 정말 유감스러운 일도 있었다. 1970년대는 중동이 석유 왕국으로 부상하던 시기였다. 일송은 미국 정보함 푸에블로호의 나포 사건 당시 함장이었던 로이드 부처 함장과 미국 샌디에이고 대학교 이선 교수, 토마스 오닐 미국 하원의장의 후원을 받아 국제 의과대학의 설립을 추진했다. 중동 산유국의 자녀들을 학생으로 받아 국제적인 의사로 교육하겠다는 생각이었다. 많은 재미교포 학자들과 미국 교수들도 동참하여 국제대학교와의 교류 지원을 약속했다. 후속 작업으로 인천에 대지 7만 5000평을 확보하고 미국 캘리포니아에 비영리법인을 설립하여 펀드 모금을 시작해 5000만 달러를 약속받았다.

이렇게 학교 설립에 필요한 기본 조건들을 갖추고 교육부 인가를 신청했으나 안타깝게도 당시의 교육 당국은 통찰력이 부족했다. 설립 취지를 이해하지 못하고 끝까지 인가를 내주지 않은 것이다. 장기적인 안목과 통찰로 진행된 국제의과대학 설립 계획은 그렇게 무산되고 말았다.

얄궂은 것은 그로부터 20년이 지난 후 뜬금없이 아직도 그 설립 계획이 유효한지 문의해왔다는 것이다. 난센스라고 웃어넘기기에는 서글픈 일이 아닐 수 없다.

1982년에는 학교법인일송학원이 설립되었고 춘천성심병원도 개원했으며 이어서 의료원 산하 병원 중 최대 규모인 700병상, 15층의 강동성심병원도 개원했다. 어떻게 그 짧은 시간에 그만큼의 확장을 이루어내면서 뜻한 바를 향해 올곧게 정진할 수 있었는지 지금 생각해도 믿어지지 않는다. 그야말로 무에서 유를, 그 원대한 꿈을 펼쳐 나아가고 이루었다고 생각한다.

'일 자체에 욕심을 가지고 일하는 데 전력을 투구해야 한다.

일하는 데서 흥분과 기쁨과 보람을 느낄 때 그 기업은 꼭 성공한다.

처음부터 돈만 벌겠다고 물욕에 사로잡혀 기업에 투신하지 말라.

뜻이 있는 일과 행동과 마음가짐이 필요하다.

열심히 일해서 남을 도와주고 이 사회에 기쁨을 가져다준다는 신념을 가지고 일에 열중하라. 이것이 뜻이 있는 일이다.

내가 가지는 것, 그것이 얼마나 허황한가는 두말할 것도 없다.

끝없는 욕망, 그것은 끝없는 불행만 가져온다.

욕심이란, 더욱이 물욕이란 한이 없는 것이다.

내가 열심히 살아서 보람을 찾을 때, 하느님은 나에게 가질 만큼만 꼭 준다.

　이것이 곧 행복이다. 이것이 곧 인생의 보람이다.'

　나의 아버지 일송 윤덕선 박사가 일기에 쓰셨던 글이다.

　이 내용 그대로, 아버지는 평생 사회에서 소외되고 가난한 사람들을 위한 병원을 지으며 '환자가 있는 곳에 병원이 찾아가야 한다'라는 소신에 따라 행동하셨다. 병원의 책임은 치료와 연구가 아니라 환자와 정서적으로 공감하는, 사람이 목적이어야 한다고 강조하셨다.

　아버지께서 떠나신 후 내 앞에 산적한 과제 앞에서 나의 다짐은 한 가지였다. '무한한 인간애를 중심으로 늘 감사하는 마음으로 더불어 살아가는 것.' 언제나 사람을 위하는, 사람을 향하는 마음을 굳건히 하는 것이야말로 가장 멀리 오래 갈 수 있는 길이라고 믿기 때문이다.

| 일송 윤덕선(필동성심병원 재직 당시)

5장

대한민국 최상을 향해
한림대학교의료원과 대학의 도약

악재를 넘어 도약으로

한림대학교성심병원 개원

1990년대부터 수도권에는 신도시 개발 붐이 크게 일었다. 산본, 중동, 평촌, 분당, 일산이 당시에 발표된 개발계획에 따른 신도시들이다. 그중 평촌 신도시는 1995년 12월에 준공되면서 주택 공급이 시작되었는데 시청, 구청, 법원, 소방서, 보건소 등이 속속 들어섰지만 병원만은 예외였다. 의원급 의료기관마저 부족한 실정이었다.

신도시 개발계획이 발표된 이후부터 이러한 정황을 예견한 아버지는 1992년부터 안양시 평촌지구 신시가지에 500병상 이상 규모의 병원 건립을 계획하셨다. '평촌성심병원 발전계획위원회'라는 개원준비팀을 가동하며 병원 부지 확보, 지역 여론 수렴 등 제반 상황을 두루 살피며 정성을 기울인 6번째 병원이 한림대학교성심병원이다. 1996년 5월 마침내 한림대학교성심병원의 기공식이 개최됐지만 안타깝게도 아버지는 그 장면을 보실 수 없었다.

　아버지를 잃은 슬픔, 예측 불가한 병마와의 싸움만으로도 힘겨운 상황에서 1997년 병원의 상량식을 무사히 마치고 나니 이제 어렴풋이 앞으로의 일정을 감당해 나갈 수 있겠다 싶었다. 하지만 불과 한 달 뒤 IMF 외환위기가 덮쳤다. 당시 대한민국 국민 중 누구도 예상하지 못했을 사상 초유의 사태였다. 개개인의 삶도 나락으로 떨어졌지만 기업을 운영하는 경영자들 또한 존폐 기로에까지 몰리는 최악의 상황이 벌어지고 있었다.

　당장 환율 급등에 따른 환차손이 30억 원에 달하면서 극도의 경영 위기를 맞게 되었다. 수입 의료장비는 매달 리스 비용을 지불해야 하는데 그것이 가장 큰 문제였다. 나는 '병원위기극복 추진기획단'을 설치하여 어려움 타개를 위한 제안과 대처 방안을 수렴하면서 효율적인 경영에 힘썼다. 해외연수 이외의 해외 출장 지원 보류, 고가의 의료장비 구매 자제, 신규 투자 감축, 인건비 절감, 각종 물품 절약 등, 전 직원과 위기를 극복해 나갈 방책을 고심하고 다 함께 고통을 분담하며 하루하루를 버텼다. 다행이었던 것은 그동안 안정적으로 자산을 비축하며 내실을 다져온 덕분에 내우외환의 고통을 견뎌낼 기반이 갖춰졌다는 점이다.

　한림대학교성심병원은 3차 의료 기관이 없는 평촌 지역에서 병원 개원에 대한 주민의 기대와 열망이 투여된, 어떤 어려움이 있어도 성공시켜야 하는 사회적 책무 같은 프로젝트였다. 초일류병원 건설이라는 목표 아래 추진해온 7년여의 시간을 헛되게 할 순 없었다. 나를 비롯한 의료원 산하 전 인력이 총력으로 매진한 한림대학교성심병원은 마침내 1999년 550병상(현재는 850병상)을 갖춘 첨단 병원으로 개원되었다. 이제까지 의료원 소속 병원들에 '지역+성심병원'이라는 명칭을 붙여온 관행과는 달리, 새 병원에는 '한림대학교'를 앞세워 이른바 한림대학교의료원의 플래그십 병원이 될 것임을 분명히 했다.

경기 안양 지역의 유일한 대학병원으로서 양질의 의료서비스를 제공하여 지역 주민의 질병 예방과 건강 증진에 기여하는 것을 목표로 삼은 한림대학교성심병원은 주력 업무 외에도 다양한 활동을 펼쳤다. 의료봉사 활동은 물론 지역사회 기업들과 연대한 각종 사회공헌 활동, 어린이들에게 특별한 경험을 제공하는 병원체험

| 1996년 한림대학교성심병원 건설 현장에서

교실, 수해 지역 의료지원단 파견 등을 통해 사회적 소임까지 다할 수 있도록 노력했다.

2000년에는 병원 부설 안양복지관을 개관해 저소득층 밀집 지역의 영세민을 위한 사회복지사업을 펼칠 수 있게 되었다. 정부 보조금 없이 순수 민간법인의 지원금만으로 운영되는 드문 사례다. 이미 1981년부터 신림종합복지관을 운영하며 쌓아온 경험과 노하우를 바탕으로, 안양복지관은 아이부터 노인에 이르기까지 모든 연령층에 해당하는 복지사업을 다양하게 시행했다.

한편 2015년 3월 개원한 에크모센터는 최신의 장비로 최상의 진료를 시행함으로써 중환자 분야의 발전을 도모하고 있다. 국내 최고 수준의 에크모 장비를 갖추고 응급의학센터 안에 하이브리드 수술실을 갖춰 심폐소생술과 동시에 혈관조영술은 물론 에크모 장착까지 가능하게 했다. 덕분에 병원 밖에서 발생한 심정지 환자도 응급실에 도착한 직후 신속하고 안전하게 에크모 치료를 받을 수 있다. 이렇듯 환자의 생명을 최우선으로 의료의 질을 개선하기 위한 철두철미한 설계는 코로나 시국에 위력을 발휘하여, 2020년 국내 최초로 위중한 코로나19 환자를 폐이식으로 살려내는 데 성공했다. 또한 112일 동안의 에크모 치료라는 세계 최장 시간 기록까지 실현해 세계를 놀라게 하였다.

에크모센터는 장기적으로 더 많은 생명을 살리기 위해 '기계적 보조장치 및 심장·폐 이식센터'로 발전해 심장이식, 폐이식 등 장기이식 수술을 더욱 활성화하겠다는 계획이다. 특히 에크모를 중심으로 한 거점 병원으로서 중증 환자 치료의 질적 향상을 이루고, 다년간 축적된 연구 결과로 '인공장기이식술' 시대의 서막을 열겠다는 포부를 갖고 있다.

2016년에는 경기서남권역(안양, 의왕, 군포, 과천시) 유일의 권역응급의료센터를 개소해 지역사회 응급 의료서비스의 중추적 역할을 담당하고 있다. 응급상황에 대비한 중환자용 응급차, 이동식 진료소 특수 구급차를 비치해 재난 상황이 발행했을 때 컨트롤타워로서 대응할 수 있는 만반의 준비도 갖추었다.

여기에 또 하나, 첨단 의료서비스 로봇의 활용 부분도 빼놓을 수 없다. 2022년 5월 한림대학교성심병원은 한국로봇산업진흥원이 주관하는 '로봇 융합모델 실증사업'의 대상 기관으로 선정된 후 다양한 의료서비스 로봇을 순차적으로 도입해 현재 국내에서 가장 많은 로봇을 보유한 병원이 되었다. 특히 다종 로봇들을 단순한 서비스 로봇이 아닌 병원 환경에 맞게 소프트웨어를 다듬고 디자인해 사람과 소통할 수 있게 한 것이 특징이다.

예를 들면 복잡한 병원에서 환자들이 길을 잃지 않도록 안내해주는 '성심이'(안내 로봇), 지하 1층 약제팀에서 다른 층 병동으로 층간 이동하며 약을 배달해주는 '나르미'(배송 로봇), 병동 곳곳을 돌아다니는 '깔끄미(방역 로봇)', 스마트병동에 있는 환자에게 수술·입원 관련 영상 안내, 비대면 다학제 협진을 시행하는 '만능이', 의료진과 재택관리환자 간 화상통화 기능을 제공하는 홈케어 로봇, 무거운 물품을 운반하는 물류 서비스 로봇 등이 종횡무진 활약하고 있다. 또한 병원에는 로봇 및 디지털 신기술 현장적용팀이 상주하고 병원 현장에서 발생하는 로봇의 동선, 오작동 등 운영현황을 실시간으로 관장할 수 있도록 디지털 통합관제시스템도 운영한다.

한림대학교성심병원은 세계 초일류 스마트병원 구현을 목표로 매진 중이다. 2018년 AI센터 신설을 시작으로 2021년 도헌디지털의료혁신연구소를 개원하며 AI, VR, 데이터, 로보틱스 등 미래의료기술을 활발히 연구하고 있다. 이러한 디지털 혁신 사례들을 배우기 위해 국내외 병원이나 정부의 방문 요청도 늘었는데, 2023년 10월에는 덴마크 병원 연합팀과 고령부 장관이 방문하여 병원 현장에서 의료서비스 로봇의 활약상을 체험하고는 우리만의 독창적인 접근과 상용화 수준에 칭찬을 아끼지 않았다.

'오로지 지역을 위해, 지역사회 주민을 위한 병원을 만들겠다'라는 소신으로 시작된 아버지의 마지막 사업. 숱한 역경을 이겨내며 마침내 성공시킨 한림대학교성심병원은 의료원 차원에선 미래를 향한 초일류병원으로의 첫걸음을 떼었다는 의미가 있고, 개인적으로는 아버지의 유업을 성공적으로 완수했다는 자부심을 가져다준 자랑스러운 병원이다.

| 한림대학교성심병원 전경

궂은일은 더욱 단단하고 치밀하게

화상전문응급의료센터

1986년 3월 화상센터를 개설한 이래 한강성심병원은 국내 최초이자 최고의 화상전문 치료기관으로 자리매김하기 위해 노력해왔다. 화상환자에게는 마지막 보루가 될 막중한 역할이었다. 분신 노동자를 비롯해 폭발, 화재 사건 등으로 화상을 입은 환자들이 한강성심병원으로 실려왔다. 특히 전열기 사용이 많아지는 겨울철에는 화상환자가 대폭 늘어났다.

1997년 대한항공 괌 추락사건을 비롯해 육군 헬기의 도심 추락, 대학 실험실 폭발 등 대형 사고가 발생할 때마다 한강성심병원은 세간의 주목을 받을 수밖에 없었다. 화상환자를 살려내는 생존율이 국내 최고였고 화상치료를 위한 인력과 장비, 시설, 경험과 노하우에 있어 독보적이었기 때문이다. '화상치료는 한강성심병원'이라는 말이 정해진 공식처럼 사용되면서 어느덧 중증 화상치료의 메카가 되었다.

화상은 치료가 매우 까다롭고 오래 걸리며 치료비 또한 엄청나다. 그래서 치료나 재활을 포기하는 경우가 적지 않았다. 선친께서 특히 화상환자 치료에 관심을 쏟으셨던 것도 그 때문이다. 그 뜻을 누구보다 잘 알고 있었기에 나 역시도 지속적인 투자와 관심을 놓을 수 없었다. 달갑지 않은 궂은일일수록 의지와 리더십, 의료진에 대한 격려와 설득이 어우러지지 않으면 수행하기가 불가능하다. 수지타산을 생각하면 계속할 수 없는 사업이기도 했다. 그러나 어떤 이유로든 생명을 방치할 수는 없다. 생지옥 같은 화상치료를 누군가는 해야만 했다. 아무도 안 하니까 우리라도 계속할 수밖에 없었다.

2008년에는 한림화상재단이 출범했다. 한림대학교한강성심병원이 비영리 공익사업을 시행하기 위해 설립한 사회복지법인이다. 경제적인 어려움으로 적절한 치료를 받지 못해 생명을 위협받거나 장애를 갖게 된 화상환자에게 의료비를 지원함으로써, 그들이 생명을 되찾고 건강한 모습을 회복할 수 있도록 돕고 있다. 2009년부터는 개발도상국을 대상으로 한 지원사업도 시작했는데 이는 현지 의료기술의 한계, 장비의 낙후로 인해 치료 기회를 얻지 못해 생명을 잃어가는 저소득층 아동 화상환자를 돕기 위한 사업이었다.

필리핀, 베트남, 몽골, 인도네시아 등지를 찾아가 의료봉사를 하며 현지에서 화상환자들을 진료했고 중증 환자들은 국내로 초청해 수술했다. 해외에서 환자들을 초청해 수술한다는 것은 병원 경영 측면에서도 쉬운 결정이 아니다. 수술비를 비롯해 항공료, 체재비 등 부담되는 부분도 많다. 하지만 반드시 해야 하는 일이다.

한국에서 유명한 의사가 온다는 소식이 언론에 보도되면서 우리가 도착하는 장소에는 항상 100여 명이 넘는 인파가 몰려 있었다. 진료를 받기 위해 네댓 시간 오토바이를 타고 왔다는 환자들의 사연을 듣고 의료진은 도착한 날 2개의 수술을 진행할 만큼 강행군을 했다. 몽골 울란바토르에서는 861명의 환자를 진료하고 23건의 화상 피부이식 수술을 시행했다. 대형 산불을 진압하다 심각한 화상을 입은 몽골 소방관은 전신에 3, 4도 화상을 입고 근육까지 타버린 상태로 한국에 긴급 이송되었다. 생존율 40퍼센트에 불과했던 그는 4차 수술까지 마치고 무사히 퇴원했다. 그 후 몽골을 다시 찾은 의료봉사단은 칭기즈칸 국제공항에서 뜨거운 환대를 받았다.

한림화상재단과 한림대학교한강성심병원은 지금까지 8개국, 13개 도시, 13개 의료기관에서 1105명을 대상으로 무료진료를 했으며 현지에서 97명의 화상환자를 수술했다. 특히 57명의 화상환자는 국내로 초청해 무료로 수술을 시행했다.

이런 활동이 계속되면서 각국의 의료 인력들은 한국을 찾아와 화상센터를 견학하고 피부이식 수술 연수를 받기도 했다. 우리가 특히 화상 아동 치료에 정성을 쏟는다는 소식을 들은 사우디아람코는 화상재단에 찾아와 20만 달러를 기부했다. 아람코는 세계 최대의 석유 회사이자 우리나라 원유 공급의 32퍼센트를 담당하는

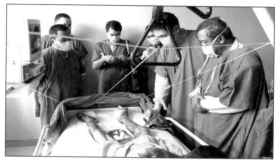

▲ 2010년 한림대학교한강성심병원을 돌아보는 사우디 아람코 관계자들
▼ 2011년 인도네시아 빤띠라삐 병원에서 화상환자를 치료 중인
한림대학교한강성심병원 의료진

사우디아라비아 국영기업으로, 이후에도 후원을 계속해 세 차례나 20만 달러씩을 기부했다. 기부금은 수술이 필요한 해외 환자를 국내로 초청해 진료하는 데 사용되었다. 덕분에 많은 화상 아동의 고통을 치유하는 데 큰 힘이 되었다.

2013년 한림대학교한강성심병원은 국내 최초로 화상병원학교를 개교했다. 화상은 치료를 위해 장기간 병원에 입원해야 하는데 그러다 보니 학생들은 학업이 중단될 수밖에 없다. 특히 화상을 입은 아이들은 초기 치료가 끝나도 성장 과정에 따라 수년 동안 계속 치료를 받아야 한다. 학업 중단으로 어려움을 겪거나 다시 학교에 가더라도 적응하기 힘들어하는 아이들이 안타까워 어떻게든 희망을 주고 싶은 마음에 만든 것이 화상병원학교다.

한강성심병원 제5별관 3층에 마련된 학교는 대형 텔레비전과 컴퓨터, 캠코더, 헤드셋 등 최신 교육 기자재를 갖추고 사이버 학교와 연계해 학습 지원을 도왔다. 입학 대상은 초등학교 1학년부터 고등학교 3학년까지 모두 포함시켰고, 병원의 의료사회복지사와 학교 담당 교사를 통해 해당 교육청에 신청한 뒤 화상병원학교에서 사이버 교육을 이수하면 학교 출석으로 인정받을 수 있도록 했다. 학교 수업은 물론 다양한 프로그램이 전문가의 재능 기부를 통해 개설되었다.

한편 한강성심병원에서는 의료사회복지사가 직접 개발한 화상 아동 및 가족을 위한 트라우마치료, 미술치료, 부모 집단상담, 부모 자조모임 등의 프로그램을 운영하며 환자와 가족 모두를 위한 지원사업도 소홀히 하지 않았다.

2021년 12월 한림대학교한강성심병원은 개원 50주년을 맞아 '메타버스 어린이화상병원'을 개원했다. 환자와 의료진 간의 물리적 공간 제약을 줄이고 차별화된 의료서비스를 제공하기 위한 가상병원이다. 이를 통해 특히 코로나 상황에서 병원 방문이 쉽지 않은 환자들에게 편리하고 질 높은 의료서비스를 제공하게 되었다.

메타버스 어린이화상병원은 상담실, 클래스룸, 전시장, 플레이룸, 대강당 등 6개의 구역과 공원광장으로 구성돼 있다. 각 구역에서는 화상 안전 및 예방, 급성 화상환자 치료 안내, 화상 후 자가관리, 사회복지 상담 등의 의료서비스를 받을 수 있다. 가상병원에 접속하면 편리하게 화상안전교육, 응급처치교육, 재활운동, 의료사회복지서비스, 화상치료과정 정보 등을 안내받을 수 있고 진료의뢰 및 예약도 가능하다.

한림대학교의료원은 환자가 어렵고 낯설게 느낄 수 있는 병원 문턱을 낮추고 치료과정을 친근하게 접근할 수 있도록 다양한 의료서비스를 제공할 계획이다. 가상병원 운영을 통해 체득한 메타버스 활용 노하우와 실증단계 경험을 바탕으로 차세대 메타버스 플랫폼에서 다양한 콘텐츠 제공과 의료 교육 등을 추진하게 될 것이다. 또한 빅데이터, AI, VR 등 스마트병원 시스템과 시뮬레이션 센터를 기반으로 한 원격진료, 교육, 헬스케어서비스 등을 가상세계에서 제공할 계획이다.

2023년 8월 한림대학교한강성심병원은 화상환자의 치료 기간과 합병증·후유증을 최소화하기 위해 '고압산소치료센터'를 개소했다. 고압산소요법은 대기압보다 높은 기압에서 농도 100퍼센트의 고순도 산소를 흡입하는 치료법으로, 몸속에 산소를 효율적으로 전달해 손상 조직의 회복을 촉진하고 재생속도를 높여 새 혈관의 형성을 돕는다. 화상을 포함한 창상(급성, 만성 상처) 환자가 적용 대상인데, 교통사고 등 외상으로 인해 피부이식술을 받거나 상대적으로 까다로운 상처를 유발하는 당뇨발, 욕창 등의 환자도 모두 해당된다.

상처 부위의 혈관과 피부재생을 촉진해 치료 기간이 짧아지면 감염, 통증, 합병증 등 후유증이 생길 확률도 크게 줄고 피부이식술 후 생착률을 높이는 데도 도움이 된다. 치료 효과가 높아 화상치료 일환으로 고압산소치료를 받을 경우 건강보험도 적용된다. 센터는 앞으로 축적될 임상데이터를 토대로 고압산소치료 지침을 만들고 그를 통한 사망률 개선 및 치료 수준 향상을 목표로 삼고 있다.

개원 50년이 지난 한림대학교한강성심병원이 국내 최고의 화상센터를 넘어 이제는 아시아 화상센터의 중심으로 나아가는 모습을 보여주고 있어 뿌듯하다.

첨단 장비의 경쟁,
현대식 병원의 실현

동탄성심병원

1992년 부지 매입을 시작으로 발전계획위원회 발족, 설계와 허가, 건물 준공을 마치고 1999년 3월 안양시 평촌에 개원한 한림대학교성심병원은 의료원이 '21세기 초일류병원'의 기치를 내걸고 시작한 첫 번째 병원이다. 신도시 개발 붐을 타고 대폭 유입된 인구에 비해 의료 여건은 부족했던 평촌 지역에 첨단 의료장비와 우수한 전문 인력, 환자 맞춤 서비스를 갖춘 병원이 개원함으로써 한림대학교성심병원은 단숨에 안양시의 상징적인 기관으로 자리 잡았다.

그런데 내게는 염두에 둔 곳이 하나 더 있었다. 바로 동탄이다. 동탄은 서울에서 출퇴근이 가능한 마지막 도시다. 마침 동탄 1신도시가 개발되고 있었다. 계획도시로서 이미 도시설계가 완료된 상황이었으므로 병원 부지는 6600평에 불과했다. 나는 그 자리에 병원을 세우기로 결정하고 옆에 7000평을 추가해 설계를 시작했다.

동탄성심병원의 설계가 한창 진행 중일 때 마침 미국 UCLA 메디컬센터가 500병상의 메모리얼 레이건 어린이 병원을 건축하고 있다는 소식을 듣게 되었다. 나는 좋은 기회라 생각하고 그 병원을 벤치마킹하기 위해 UCLA를 수차례 방문했다. 절친인 쉐넌 오캘리가 UCLA의 최고 행정책임자를 맡고 있었던 덕분에 나는 쉐넌의 도움으로 병원의 새로운 개념을 배울 수 있었다.

첨단 장비들의 각축전이 벌어질 미래의 병원을 대비하여 지하 2층부터 지상 3층까지의 층고를 최대 8미터까지 높인 획기적인 설계가 매우 인상적이었다. 나는 그 설계 그대로를 동탄성심병원에 반영했다. 그리고 병원 안팎으로 고급스럽고 화려한 환경을 조성하기 위해 전시품 하나하나에도 공을 들였다. 미국 LA에는 조각품, 그림, 가구 등 모든 이미테이션 예술품과 앤티크를 도매로 판매하는 월데크라는 큰 회사가 있다. 월데크 전시장은 무려 8000여 평에 달하는 광대한 웨어하우스인데 그곳에서 상당한 물량의 이미테이션 예술품을 구입해 대학과 병원에 설치했다. 특히 동탄성심병원에는 보통의 호텔이나 기관에서는 볼 수 없는 화려한 분수시설과 대형 돌고래가 설치됐고 한국 미술의 거장 김병종 화백(전 서울대학교 미대학장)의 작품이 전시되었다.

한림대학교동탄성심병원은 2012년에 준공되었다. 건립 초부터 원칙으로 삼았던 환자의 편의, 친환경, 첨단 의료과학 구현이 반영

된 멋진 건물은 의료기관을 포함한 모든 건축물을 대상으로 심사하는 건설교통부 건축상 금상을 수상했다. 명실공히 우리나라 최고의 시설과 외형을 갖춘 병원이라고 자부한다.

경기 서남부권에 세워진 초대형 병원은 최첨단 디지털 종합병원으로서 언론에서도 크게 조명되었다. 병원은 집 같은 편안함이 느껴지도록 공간과 내부 구성도 세심하게 배려했다. 환자의 동선에서도 질환의 종류와 상태, 연령에 따라 공간을 분리하고, 의료진과 내원객들의 동선을 최소화하여 편의성을 크게 높였다.

환경 친화를 위해 친환경 자재와 태양광 에너지를 사용하고 자연 채광 위주의 공간으로 조성했다. 이는 '에코 한림'의 정신을 반영한 것이기도 하다. 그 밖에 고효율 변압기를 사용해 전력량을 25퍼센트 줄이고 전력을 효율적으로 조절하며 LED 전등을 적극 사용해 에너지 효율을 극대화했다.

동탄성심병원이 표방한 의료 과학은 디지털 시대에 걸맞은 첨단 전산 시스템을 구축하는 일이었다. 초기부터 의료원 산하 병원들의 통합전산망을 적용하여 의료진이 5개 병원의 모든 환자에 대한 처방과 검사결과 및 영상자료 등을 조회하여 종합적이고 정확한 진단을 내릴 수 있게 했다.

동탄성심병원은 의료원 차원에서도 산하 병원 총 4000병상의 시대를 열고 세계 100대 의료원에 진입한다는 '마이티 한림'의 발판을 마련했다는 가치가 있다. 또한 환자 중심, 환경 친화, 첨단 의료 과학, 특성화 전문병원은 21세기 의료원의 핵심 과제를 질적으로 구현한 것이기도 하다.

때마침 유엔 주한 미군도 평택 지역으로 재배치되는 시점이었
다. 오산과 군산 공군 비행장 기지를 제외한 주둔 병력 전체가 평

▲ 2011년 동탄성심병원 상량식
▼ 동탄성심병원 전경

택으로 이전하는 거대한 계획이었다. 약 2만 8000명의 미군과 그에 따른 수만 명의 군속이 600만 평에 집결해 한마디로 작은 미국을 이루게 되었다. 그전에 용산에 있던 121 후송병원도 따라왔지만 제 역할을 수행하기에는 터무니없는 역량이어서 자연히 한국의 료기관의 협조가 필요한 시점이었다. 동탄성심병원은 적극적으로 평택 미군군사사령부와 환자 이송 협약을 체결했다. 그리고 동탄-평택 간의 셔틀버스를 운행하며 그들의 건강관리에 도움을 주었다. 이를 계기로 주한미군 의무부대와 동탄성심병원은 최고의 파트너로 발전했고 지금까지도 우호적인 관계를 지속하고 있다.

현재 동탄 2신도시까지 확장된 이 경기 서남부권은 병원 간 경쟁이 살벌한 지역이다. 분당서울대병원, 용인세브란스병원, 아주대학병원, 그리고 성 빈센트 병원 등 쟁쟁한 병원들이 버티고 있다. 그 속에서 동탄성심병원은 당당히 경쟁할 채비를 갖추고 미래를 선도하는 병원을 향해 나아가고 있다. 의료적정성 평가에서 최우수 병원으로 선정되며 최고의 진료 수준을 공인받았고, 고난이도의 심장이식 수술을 포함해 고위험군 심장 및 폐질환 환자에게도 최첨단 치료를 제공하고 있다.

여기에 덧붙이자면 내가 오래도록 관심을 가져온 도시는 평택이었다. 지리적으로 우리나라 서해안은 수심이 낮아 대형선박이 접안할 수 없다. 인천에 몇 만 톤짜리 선박이 들어올 수 있는 것도 도크 시설 덕분인데, 서해안에서는 유일하게 평택항만이 수심 14미터로 5만 톤의 대형선박이 그대로 접안할 수 있다. 중국과의 교역의 중요성을 감안한다면 평택은 뱃길로 북쪽인 천진에서부터 남쪽 광둥성까지 중국 전역을 하루에 갈 수 있는 중요한 거점이다.

반드시 그곳에 병원을 세우는 것이 나의 마지막 소망이다. 당시 평택 항구 뒤편으로는 엄청나게 광활한 평야가 있었다. 지금은 그 자리에 삼성반도체, 제철소, 자동차 회사 등이 다 들어섰다. 평택에 병원을 만든다고 가정할 때 가장 큰 장애물은 인력 수급인데 특히 의사와 간호사의 확보가 거의 불가능하다. 그렇다고 서울에서 출퇴근하기엔 너무 부담스러운 거리다. 이러한 장애요인을 해결할 묘안이 없어 여전히 결단을 내리지 못하고 있다.

약자를 살피며, 고통을 분담하며

복지관 사업

　　1971년 12월 18일, 한강성심병원을 개원하자마자 설립자 윤덕선 박사는 월 2회 이동 무료진료를 실시했다. 아직 강서구가 없었던 당시, 신정동 일대는 장마철이면 장화 없이 살 수 없는 곳이었다. 이 지역에 매달 두 차례씩 의사와 간호사들이 주로 새마을금고를 진료장소로 잡고 무료진료를 실시했다.

　　당시 판자촌 철거민 2만 세대가 관악구 신림7동(난곡마을) 경사도 50도 가까이 되는 가파른 계곡으로 이주되었다. 급조된 동네였던 만큼 상하수도 시설은 당연히 없었기에 물은 아랫동네에서 길어다 먹어야 했다. 일명 '빠라크촌'이라고 기름먹인 종이로 만들어진 판잣집 동네에는 방 하나에 네댓 명이 살았다. 물론 집주인은 아랫동네에 살았다. 말할 것도 없이 위생 상태는 형편없었고 불결하기 짝이 없는 환경이었다. 시간이 지나면서 난곡 계곡 꼭대기에 공동화장실이 몇 개 생겼는데 아래에서부터 그 화장실까지 올라가려면 족히 20분은 걸리는 거리였다. 그러니 길가에 용변을 보기 일쑤여서 폐수와 오염물질이 흥건했다.

당시는 여전히 혼란스러운 시국이어서 철거민 중에는 범죄자도 많고 간첩으로 의심되는 사람도 많아 걸핏하면 무슨 방첩부대에선가 나와 검문하고 붙잡아가는 일이 비일비재했다. 아이러니한 것은 그 먹고살 것 없는 동네에 육곳간(요즘으로 치면 정육점)이 여섯 개나 있었다는 것이다. 게다가 하나같이 장사가 꽤 잘 된다고 했다. 하루 벌어 하루 먹는 사람들은 조금이라도 여윳돈이 생기면 당장 소고기 한 근이라도 더 먹지, 그런 마음으로 사는 것 같았다. 또 하나 의아스러운 것은 세상의 모든 종교가 집결한 듯 사방에 온갖 종교 시설이 널려 있던 풍경이다. 그들은 정식 모양새를 갖춘 사찰이나 교회가 아니라 일반 집 문에 절 표시, 교회 표시를 해놓고 포교 활동을 벌였다. 삶이 힘겨운 사람들이 고단함을 의탁한 각종 종교 역시 일종의 비즈니스처럼 성업 중이었다.

보건 의료는 생각할 수도 없던 시절이었다. 더군다나 여름 장마철만 되면 물난리가 서울 전역을 휩쓸었다. 관악산에서 쏟아진 물이 신림천에서 안양천까지 흐르고 넘쳐 집도 세간도 다 떠내려가고 사방은 온통 뻘밭이 되어버렸다. 우리는 수해 피해가 극심한 지역을 찾아가 천막과 야전침대를 놓고 일주일가량 봉사활동을 벌였다.

그 와중에 난곡의 열악한 상황을 알게된 아버지는 어떻게든 지역 환경을 개선하는 데 도움이 되어야겠다고 결심했다. 마침 비어 있던 목욕탕 2층 건물에 성심복지관을 열고 의사 두 명과 간호사 세 명이 상주하는 진료소로 만들었다. 당시 한강성심병원 원장을 맡고 있던 나도 복지관을 자주 찾았다. 환자들은 점점 쇄도했고, 약품만으로는 치료가 불가능한 수술과 입원이 필요한 환자는 때마침 한강성심병원에서 개원한 성심자선병원으로 옮겨졌다. 성심자선병원은 한강성심병원과 복지관 등에서 무료로 치료받는 환자들이 늘어나면서 그들을 위한 별도 치료공간이 필요해짐에 따라 설립된 국내 최초의 민간 자선병원이었다.

성심복지관 운영 초기에는 사회복지사업가 정의방 박사의 지대한 노력이 큰 힘이 되었다. 이후 12년이 지나서야 관악구는 복지관을 운영할 능력을 갖추게 되었고, 비로소 7층짜리 신림종합사회복지관을 세우고 성심복지관에 그 운영을 위탁한다. 민간 의료법인이 자체 재정으로 보건 의료와 복지를 통합해 실천하는 종합복지사업에 첫발을 내디딘 순간이었다.

신림종합복지관은 신림7동 난곡마을 주민의 건강과 복지, 특히 열악하고 불우한 환경에서의 청소년 교육에 집중적인 노력을 기울였다. 교육과 진학은 물론, 취업 알선부터 생계유지에 이르기까지 다양한 복지 활동을 계획했다. 관장 이하 전 직원이 단결하여 주민의 삶에 밀착된 복지프로그램을 운영했고 성심중앙유지재단 산하 병원의 사회사업과와 연계하며 무료진료를 비롯해 보건교육, 상담

▲ 대중목욕탕 건물을 함께 사용했던 신림종합복지관 전경
◀ 신림종합복지관의 어린이 예방접종
▶ 가정방문 간호건강검진

과 지도까지 영세민의 건강 유지를 통해 전반적인 생활이 나아지
도록 구상했다.

　당시 나는 신림종합복지관 운영위원회를 맡고 있었다. 어느 날
복지관을 방문했다가 주변을 찬찬히 둘러보던 중에 아이디어 하
나가 떠올랐다. 복지관 뒤편으로는 꽤 넓은 산이 있었는데 그 땅을
잘 활용하면 재미있는 사업을 펼쳐볼 수 있겠다 싶었다. 나는 복지
관 관장을 불러 이 아이디어가 실현될 수 있을지 관계 부처들을 포
함한 사전조사를 부탁했다.

얼마 후 보고가 올라왔다. 구체적이고 현실적인 방안과 관련 부처들과의 연계까지 생각보다 원활하게 진행할 수 있겠다는 확신이 들었다. 다행이었다.

1982년 4월 5일, 아이디어가 현실로 구현되는 순간이었다. 식목일을 맞아 신림종합복지관 뒷산에 3년생 양살구 500그루를 심는 행사가 진행되었다. 관계 부처의 협조를 받아 신림동 국유지 3000여 평에 양살구를 심어 1년 후 유실수 수익금을 난곡 아이들을 위한 장학기금으로 적립하기로 한 것이다. 관리는 동사무소와 보건소가 맡기로 했다. 산을 푸르게 가꾸고, 과실 열매로 수익을 얻고, 그 수익금을 아이들 학업에 지원하는, 그야말로 일석삼조의 구상이었다. 신림종합복지관 직원들과 신림7동사무소가 협조해 1주일 동안 나무를 심었다. 양살구 식재는 영세민 취로사업으로 진행해 참여 주민들에게 일당도 지급했다.

그 해 5월 신림종합복지관은 지역사회 청소년들을 지원하기 위해 신림7동장학회를 설립하고 매년 2회 장학금을 지원하는 사업을 시작했다. 장학회는 성심중앙유지재단의 사회복지 관련 인사들로 구성되었고 여기에 지역사회 유지들도 동참했다. 특히 장학회 설립 소식을 들은 산하 병원에서는 직원들이 자발적으로 기부에 참여해주었다.

장학금 지원 대상은 소년소녀 가장, 한부모 가정, 조손 가정 등 경제적으로 어려운 저소득 계층의 청소년 중에서 선발했다. 이 사업은 효과가 바로 나타나 장학금을 받아 공부한 학생 중에서 명문대 합격생이 속출했다. 장학회는 이후 약 17년간 총 4700여 만 원의 장학금을 220여 학생들에게 지원했다. 가장 가까운 이웃으로, 같이 기뻐하고 같이 아파하는 친근한 존재가 되겠다는 목표는 청소년들의 꿈과 더불어 사회 곳곳에서 실현되고 있었다.

한 번은 복지관장을 맡고 있던 정의방 박사가 나를 찾아왔다. 정말 가난한 사람들이 단돈 몇 십만 원이 없어 집에서 쫓겨나고 생계를 유지할 수 없는 지경에 처했다면서 SOS 지원금을 마련해달라는 부탁이었다. 나는 그의 요청을 계기로 2000만 원을 출자해 극단적으로 가난한 이들의 삶을 돕기 위한 긴급재난지원제도를 실시했다. 의외로 그 성과는 대단히 컸고 결과 또한 아주 흡족했는데, 이렇게 신림종합복지관에서 시작된 SOS 긴급재난지원금은 수년 후 전국적으로 수십억 단위의 SOS 긴급재난지원제도로 발전했다.

주목할 것은, 지난 코로나 기간 동안 전국의 복지관은 업무를 중단했지만 신림종합복지관만은 사업을 지속했다는 것이다. 코로나 사태 발생 시점에 전문 연구박사를 초빙하여 사전에 코로나 팬데믹 영향, 위급한 환경에서 복지사업을 지속할 방법, 주민의 건강과 복지를 강화하는 프로그램 등을 연구한 책자를 발간해 일종의 대비책을 학습한 덕분이다. 그리하여 코로나 팬데믹 기간 중에도 신림종합복지관은 유일하게 본연의 역할과 기능을 성실히 하고, 오히려 지역사회의 단합과 협동 정신을 이끌어내는 특유의 결과를 만들었다. 정말 자랑스럽다. 신림종합복지관 직원들께 무한한 감사를 드린다.

이제 복지관 사업은 다른 지역으로 확대되어 안양복지관, 영등포노인종합복지관을 연이어 개관했다. 영등포노인종합복지관은 영등포구의 요청으로 개관한 전국 최대의 노인복지관으로 당시 구청장의 적극적인 협력하에 '행복한 노년생활 유지'를 모토로 설립된 대표적인 노인복지관이다. 주간보호센터, 진료실, 취미오락실, 이·미용실, 물리치료실, 강당, 식당 등의 시설을 갖추고 노인 주간보호, 취미활동 지원, 토요문화강좌 개설, 한물축제 등 풍성한 사업을 펼치면서 지역에 거주하는 3만 5000여 노인을 위한 전문적인 복지서비스를 시행했다. 특히 점심을 제공하는 경로식당 운영은 큰 호응을 얻었는데 국민기초생활보장수급자는 무료로, 일반 노인에게는 1500원의 실비만 받았다.

복지 정책에서는 우리보다 앞선 일본에서도 견학을 왔을 만큼 영등포노인종합복지관은 모범적인 운영으로 소문이 났고, 2002년 서울시에서 실시한 시민 만족도 조사에서 모범 노인복지관으로 선정되기도 했다. 2009년엔 보건복지부 주최 노인돌봄기본서비스사업 우수 운영 사례 공모에서 최우수 기관으로 선정되는 쾌거도 올렸다.

한편 춘천에는 대학에서 청소년복지관을 열었다. 많은 숫자는 아니지만 일정 청소년들의 학업을 지원하고 건강한 성장을 도와주는 프로그램으로 재원은 법인에서 지원했다.

또한 동탄성심병원의 개원과 더불어 동탄 신도시에서 나래울종합사회복지관과 동탄노인복지관을 위탁·운영하게 되었다. 이로써 6개의 복지관을 동시에 운영하게 되었는데, 그만큼 실력을 인정받 았기에 가능한 일이었다. 특히 나래울종합사회복지관은 그 시설이 나 인력 면에서 전국 최대 규모를 자랑하는 곳으로, 사회복지사업 에 관련해선 한 번은 반드시 견학해야 하는 랜드마크로 유명하다. 중앙동과 문화동, 재활동 3개 건물이 하나처럼 연결되어 있으며 드 넓은 그곳에 장애물이 전혀 없어 장애인도 마음껏 거동이 가능하 다. 수많은 화성시민이 다양한 프로그램을 즐기는 곳이며 아동 청 소년들도 즐겨 찾는 명소로서, 동탄성심병원과도 적극적인 협력관 계를 유지하며 그 역량을 유감없이 발휘하고 있다.

우리는 앞으로도 변함없이 선대의 뜻을 이어 보건 의료·복지· 교육의 사각지대를 계속 찾아 나설 생각이다.

| 나래울종합사회복지관 전경

명문사학을 향한
도전

　　원래 한림대학교는 성심여자대학을 인수한 자리에 설립되었다. 성심여자대학은 성심수녀회에서 운영하던 대학으로, 강원도의 적극적인 지원을 약속받고 춘천으로 옮겨왔다. 서울로 치면 북악산에 해당하는 춘천의 봉의산 중턱에 무상으로 토지를 제공받았고 당시 영국 공병단이 역시 무료로 지어준 4층 건물도 갖췄다. 이렇게 춘천에 터를 잡은 성심여자대학은 그러나 10년 후 경기도 부천으로 학교를 이전하겠다고 공표한다. 난데없는 발표에 강원도는 물론이려니와 강원도 도민과 춘천 시민들은 엄청난 배신감과 허탈감을 느꼈다. 성심여자대학 자리에 한림대학을 세우기까지는 이러한 배경이 있었다.

　　1982년 한림대학은 작은 부지에 건물 하나와 5층짜리 기숙사만으로 출발했다. 4개 학과 228명이라는 미약한 시작이었지만 선친은 이 작은 대학에 국내에 내로라할 석학들을 모셔와 학문적 역량의 토대를 마련했고, 아낌없는 지원으로 대내외적인 확장을 주도했다. 어느덧 개교 14년차에 이른 1996년, 이제 학교는 종합대학으로서 29개 학과 1530명의 규모를 갖추고 한국대학교육협의회의 대학종합평가에서도 종합 3위를 차지하는 성과를 보여주고 있었다. 그런 중요한 시기에 내가 덜컥 책임을 맡게 된 것이다. 나는 이 또한 운명이라고 생각하고 기왕의 기반을 갖춘 춘천에서 앞으로의 성장과 발전을 이루어야겠다고 다짐했다.

설립자는 갑작스럽게 작고하고 대학 운영 경험이라곤 전무한 사람이 책임을 맡고 보니 모든 것이 어수선하고 불안정했지만 한편으로 오기와 투지도 불타올랐다. 그래, 어차피 나를 보호해줄 울타리 따윈 존재하지 않는다는 건 이미 병원 경영을 하며 깨닫지 않았던가. 그렇다면 내 힘으로 다시 한 번 극복해보자. 그러나 내 의지와는 달리 학교는 점점 위축되고 변화의 조짐은 보이지 않았다.

이런 상태로는 안 되겠다 싶었다. 대책을 강구해야 했다. 나는 아버지의 동기이자 초대 학장이셨던 현승종 전 국무총리를 찾아뵙고 차기 총장을 물색해야겠다고 말씀드렸다. 나는 경험도 일천하고 아는 사람도 없으니 현 총리께서 찾아주실 수 있을지를 여쭈었더니, 생전에 선친께서 칭찬한 분이 있는데 그분이 적임자인 듯싶다고 말씀하셨다.

"그렇다면 당장 의향을 타진해보면 어떨까요?"

"그분이 그렇게 쉽게 오겠다고 하실까요?"

하지만 나는 간곡하게 요청을 드렸다. 내게는 앞뒤 좌우를 재고 살필 여유가 없었다.

"우선 제안을 드려보는 건데, 특별히 손해 볼 일은 없지 않겠습니까. 한번 말씀을 넣어봐주십시오."

내 청에 총리님은 그분을 만나 총장직을 제안했고 어려울 거라는 예상과 달리 바로 그 자리에서 수락을 받았다. 나는 마침내 기회가 왔다고 생각하고 지금의 총장께 양해를 구했다. 사실은 1년 뒤에 오실 총장님과 새롭게 시작하려고 한다, 그런데 새 총장이 오셔서 현장을 파악하고 발전계획을 세우고 그러다 보면 아까운 시간을 허비할 것 같다, 총장님 임기는 1년 남았지만 저는 한림대학교발전위원회를 구성해 향후 1년간의 한림대학교 발전계획서를 마련할 생각이다, 그럼으로써 신임 총장이 부임하자마자 그 계획에 따라 차질 없이 진행되도록 준비하겠다. 그렇게 일련의 구상을 말씀드렸다. 그런 다음 차기 총장이 되실 분을 만나 앞으로의 계획을 설명하고 이후 한림대학교의 발전계획을 차곡차곡 다져 나갔다. 그리하여 마침내 일 년 후 차기 총장이 부임할 무렵에는 이미 발전계획서가 완성돼 시간 낭비 없이 계획대로 새로운 정비를 진행할 수 있었다.

현재 도서관 자리에 당시에는 강원중·고등학교가 있었는데 때마침 이전 계획이 진행됨에 따라 절호의 기회라고 생각하여 강원

중·고등학교 부지를 인수했다. 그리고 주변의 기타 부지까지 매입하여 6만 평의 부지가 확보되었다. 거기에 지금까지는 대학의 후면에 위치해 있던 소박한 교문 대신, 대학 전면의 대로 입구에 제대로 격식을 갖춘 교문을 설치했다. 이어서 현대식 도서관도 건축되었고 일송아트홀이라는 근사한 공간도 생겼으며 최신 시설의 동물 실험실도 완성됐다. 대학 내에 창업센터도 지어졌다. 학교는 점차 안정화되며 제법 모습을 갖추어가고 있었다.

그 무렵 춘천시는 시청을 이전하면서 시의회회관도 신축하기로 결정했다. 그러자면 몇 년간 춘천시의회가 임시로 운영될 장소가 필요했다. 당시 류종수 춘천 시장은 뛰어난 통찰력을 지닌 대범한 분으로 우리에게도 큰 도움을 주셨다. 한림대학교와 맞닿은 4000평 부지에 임시 시의회회관을 지어 사용할 계획인데 향후 한림대학교 발전에 꼭 필요한 부지가 될 테니 시에서 매매하겠다고 먼저 제안하셨다. 더불어 임시 시의회회관의 설계는 미래에 활용할 대학원 또는 특수교육기관에 맞도록 구상하는 것이 좋겠다는 말씀도 하셨다. 이 약속은 그대로 실현돼 몇 년 후 그 자리에는 도헌글로벌대학원의 특수교육 과정이 개설되었다. 나는 그곳을 오갈 때마다 류종수 시장의 배려를 떠올리며 큰 감사와 존경의 마음을 확인하곤 한다.

| 2024년 한림대학교 전경

지도자를 찾아서

김중수 총장을 모시기까지

이렇듯 시설과 규모를 갖춰 나가며 상당한 외양을 갖추
었지만 아직 내실 면에서는 뚜렷한 성과를 찾아보기 어려운 실정
이었다. 이제 한림대학교를 최고의 명문사학이자 대내외적으로도
명성을 떨치는 유명대학으로 끌어올릴 지도자가 필요한 시점이었
다. 나의 이러한 고민을 간파한 매제 김건식 교수(서울대학교 국제전
문대학원 초대 학장)는 마침 적임자가 있다고 추천했다. 김중수 교수
가 그 사람인데 워커홀릭이어서 일밖에 모르는 우리나라 최고의
경제학자라고 했다. 경기고등학교와 서울대학교 경제학과를 졸업
한 엘리트로, 와튼스쿨로 유명한 미국 펜실베이니아대학에서 경제
학 박사를 취득한 인재였다.

나는 당장 총장으로 모셔오기 위해 달려갔고 김중수 교수 역시
흔쾌히 승낙하셨다. 그리하여 기대에 부푼 제6대 김중수 총장의 시

대가 시작되었다. 김 총장은 취임 즉시 정비가 필요한 한림대학교의 실정을 파악하고 새로운 도약을 준비하는 작업에 착수했다. 그렇게 쏜살같이 1년여의 시간이 흘렀다.

어느 일요일 아침, 김중수 총장이 나를 찾아오셨다. 뭔가 중요한 말씀이 있을 것 같았다. 사실은 곧 출범을 앞둔 이명박 정권의 대통령직인수위원회에서 대통령 당선자와의 미팅을 요청해서 얼떨결에 이명박 당선자를 만나고 왔다고 하셨다. 당선자는 경제 회복이 시급하니 그 부분을 맡아달라고 제안했는데 김 총장은 지금 당장은 어려운 상황이라고, 이제 한림대학교 총장으로 부임한 지 1년밖에 안 되었는데 예의상 사임은 할 수 없다고 대답하셨다는 거다. 다만 이사장이 승인한다면 그때 다시 생각해보겠다고 말씀하셨다고 했다. 자초지종을 듣고 나서 나는 국가적으로나 개인적으로나 중요한 시기에 중책이 주어진다는 것은 총장님의 능력을 발휘해야 한다는 의미이니 우리 대학교보다 먼저 나라를 생각하시라고 청와대 입성을 권유했다.

며칠 후 일요일이었다. 깜박하고 핸드폰을 집에 두고 나갔다 저녁에 귀가해보니 무려 10여 통의 모르는 번호가 찍혀 있었다. 이명박 대통령의 초대비서실장인 유 실장 측에서 온 전화였다. 전화를 걸었더니 하루 종일 통화가 안 돼 속을 태운 비서가 바로 비서실장을 바꿔주었다. 서울대학교 교수였던 유 실장은 아직 사회 경험이 많지 않은 순수한 사람 같았다. 그는 김중수 총장을 경제수석으로 모시고 싶으니 이사장께서 동의해주시면 정말 고맙겠다고 말했다.

그 요청에 나는 선선히 김중수 총장같이 훌륭한 분이라면 당연히 그러셔야 한다고, 바로 승낙했다.

이러한 연유로 한림대학교는 안정을 찾는 듯하다가 다시 제자리로 돌아왔다. 그런데 뜻밖의 사태가 일어났다. 이명박 정권이 출범하자마자 광우병 문제가 터진 것이다. 광우병이란 프리온 질환 prion disease(크로이츠펠트야콥병)으로 프리온이라는 단백질의 이상 증식으로 인해 포유동물의 뇌가 스펀지처럼 되는 병이라고 했다. 소고기를 통해 전염되고, 감염이 되면 알츠하이머병과 유사한 증상을 나타내며 전신 경련을 일으켜 끝내는 사망에 이르게 된다는 것이었다. 참으로 무서운 이야기였다. 광우병에 대한 이러한 선동은 전 국민에게 충격적으로 전파되었다. 한순간에 사람들은 소고기를 기피하기 시작했고, 정육업자는 물론 육가공 업체를 비롯한 식품산업 전반에 이르기까지 사회적인 파동이 이만저만이 아니었다.

국내의 광우병 전문가로는 뉴욕주립대학에서 프리온 질환으로 박사학위를 받은 한림대학교 김용선 박사가 유일했다. 하지만 어쩐 일인지 김용선 박사에 대한 사람들의 비난은 도를 넘고 있었다. 자택 앞에 분뇨가 뿌려지는 봉변도 당했을 만큼 심각한 상황이었다.

그때 나는 핀란드 헬싱키대학과의 협력관계 협약을 위해 헬싱키를 방문 중이었는데 일행 중에는 김용선 교수도 있었다. 해외에 나갈 때는 항상 그랬던 것처럼 이번에도 우리 일행은 헬싱키 변두리에 있는 작은 호텔에 머물고 있었다. 그날도 하루 종일 헬싱키의과대학과 한림대의과대학 간의 협력관계에 대해 토의했고 1차적으로 긍정적인 대답을 끌어낸 터였다. 다만 헬싱키의과대학은 앞으로 2년간 구조조정을 거칠 예정이므로 협력관계는 그 이후에 맺자고 약속하고 숙소로 돌아왔다.

작은 호텔이라서 승강기의 열쇠는 투숙객만 가질 수 있었다. 승강기를 타고 3층에 내리면 오른쪽엔 내 방, 왼쪽에는 일행의 방이 있었다. 내 방을 향해서 가는데 갑자기 일행 쪽에서 소란이 일었다. 돌아보니 김용선 교수와 어떤 낯선 사람이 김 교수 방문을 붙잡고 실랑이를 벌이고 있었다. 바로 쫓아가 누구냐고 물으니 중앙일보 파리 특파원인 전 아무개라고 했다. 김용선 교수를 인터뷰하라는 본사의 특명을 받고 온종일 헬싱키 시내 호텔을 다 뒤졌지만 허탕을 치다 마침내 외곽에 있는 이곳에서 그를 찾아낸 거라고 했다. 그런 정황이었으니 특파원은 김용선 교수와 기어코 인터뷰를 하겠다고 버텼고 김 교수 또한 지금 이런 시국에서는 응할 수 없다고 거부했다. 양쪽이 팽팽하게 대치하면서 상황은 정리될 것 같지 않았다.

결국 내가 나서서 전 기자를 설득했다. 내가 일행을 책임지고 있는 이사장이니 일단 아래층 바에 가서 이야기를 나눠보자며 그를 데리고 내려왔다. 무슨 일이 있어도 김 교수와 인터뷰하기 전에는 여기에서 나가지 않겠다는 그에게 나는 설명했다. 기자님 사정은 알겠지만 김 교수 입장도 생각해줘야 하지 않겠느냐, 출국 전부터 분노 세례까지 받아가며 온갖 항의에 시달렸는데 여기에서 잘못 얘기했다가 무슨 봉변을 당할지 모른다, 현 시점에서 김 교수가 직접 개입하는 것은 바람직하지 않다고 설득했다. 그럼에도 여전히 미련을 못 버리는 그에게 나는 마지막으로 해결책을 제안했다. 신문 머리기사로 '김용선 교수도 미국산 소고기를 먹는다'라고 올리고 나와 인터뷰한 내용을 전면에 걸쳐 싣는 것은 어떠한가. 다행히 그 제안에는 기자도 동의해서 인터뷰를 진행했다. 그리고 바로 다음 날 중앙일보에는 한 면 전체에 걸쳐 인터뷰 기사가 실렸다. 청와대에서는 그 내용을 보고 이제 한고비 넘겼구나 안심했다고 한다.

한바탕의 소동을 마무리하고 다음 날 나는 컬럼비아의 업무와 우리 자녀들과의 일이 있어 뉴욕으로 가고 나머지 일행은 서울로 돌아갔다. 김 교수는 비행기에서 내리기도 전에 기자들이 달려들어 납치하듯 데려가 강제 인터뷰를 하는 바람에 곤혹스러운 시간을 겪고 귀가했다고 했다.

이후에도 광우병 사태는 좀처럼 사그라지지 않았다. 결국 청와대 비서진은 결단을 내렸다. 청와대 수석 중 가장 연장자인 김중수 수석이 모든 책임을 지고 물러나기로 한 것이다. 이어서 비서실장을 포함해 다른 수석들도 줄줄이 사임했다. 이렇게 이명박 정권은 초기부터 험난하게 시작되었다. 나로서는 정말 안타까운 상황인 것이 이명박 대통령은 서울시장 시절부터 한림-컬럼비아-코넬-NYP 심포지엄에 참석해 축사를 했고 심포지엄의 만찬도 같이 하며 상당히 우호적인 관계를 유지하는 사이였기 때문이다.

이어서 이명박 대통령은 김중수 수석을 OECD 가입 추진위원장인 주불 공사 자격으로 2년간 파리에 파견했다. 그 당시 대한민국은 30여 개 선진국 단체인 OECD 가입을 간절히 원하고 있었는데 그 숙원사업의 책임자로 김 수석을 임명한 것이다. 직원들의 표현에 따르면 파리 주재 대사관은 그날부터 OECD 육군사관학교로 변했다고 한다. 김중수 공사의 철두철미한 준비와 워커홀릭 특유의 일벌레식 진두지휘 덕분에 우리나라 정부 24개 부처 국장들이 배치된 OECD 준비위원회는 이후 하루도 불이 꺼진 날이 없었다. 그렇게 2년이 지나 OECD 가입의 최종 관문인 각 정부 부처마다의 담판을 내릴 시간이 왔다.

그런데 불행히도 한국의 고위 공무원들은 그럴 만한 영어 실력을 갖추지 못해 자기 부처의 업무를 설명할 수가 없었다. 결국 24개 부처의 각 국장들이 아니라 김중수 공사 한 사람이 대표로 나서 협상을 수행해야 했다. OECD는 각 분야마다 같은 사람이 나올 것이라고는 예상하지 못하고 일일이 담판하여 승인했다. 참 어처구니없는 상황이었다. 여하튼 1996년 12월, 마침내 한국은 OECD 회원국 입성에 성공한다.

정황상 초대 OECD 한국 대사에는 2년간 준비위원장을 맡아 결실까지 마무리한 김중수 공사가 임명되는 것이 당연했다. 그러나 외교부가 강력하게 반발했다. OECD 가입은 경제적 문제이기 이

전에 외교적 사안이므로 경제 분야 출신이 초대 OECD 대사가 되어선 안 된다는 주장이었다. 결국 초대 OECD 대사는 외무부 출신에게 돌아갔고 김중수 공사는 이후 오랜 시간이 지나서야 OECD 대사를 역임할 수 있었다.

결과적으로 한림대학교로서는 행운의 시간이 찾아온 셈이었으니, 한림대학교 총장으로 김중수 총장이 복귀하신 것이다. 총장님은 복귀에 앞서 일 년간 당신이 경제학 박사를 취득한 펜실베이니아대학교 초청을 받아 석좌교수로 재직하며 새로운 교육제도, 교육방법, 교육트렌드 등 배움의 시간을 가졌다. 대학에 대한 이해도 한층 더 깊어졌으며 특히 21세기에 들어서면서부터 시작된 통섭의 개념, 즉 학문과 산업 모든 영역의 장벽을 허물며 창의성을 발현하는 현장을 미리 경험했다. 한마디로 준비된 총장으로서 제9대 한림대학교 총장에 다시 부임하게 된 것이다. 그는 펜실베이니아의 경험을 바탕으로 국내 대학 최초로 한림대학교에 복수전공제도 등 융합의 개념을 선도해 나갔고, 21세기 대학교육의 변혁 요구와 동참을 주도함으로써 우리 대학은 점차 차별적 경쟁력을 갖게 되었다.

6장

세계를 향한
마이티 한림

국제사회로 진출

NYPH 협력병원, 코이카 협력 사업

사실 2002년만 해도 한림대학교의료원이나 한림대학교는 세계에 내놓을 만한 수준이 아니었다. 역량이나 규모 면에서 딱히 내세울 게 없는 기관이라는 데서 나의 고민은 깊어졌다. 세상은 세계화의 시간대로 진입하고 있었다. 세계적인 경쟁력을 구축하려면 결국 세계로 나가야 한다. 밖으로 나가서 인류가 현재 어떤 생각으로 무엇을 하고 있는지를 배워야 한다. 그러자면 세계적인 선두 그룹과 파트너십을 갖는 것이 가장 지름길이다. '마이티 한림 Might Hallym'이라는 슬로건을 떠올린 것은, 그런 배경에서 앞으로 정말 최고이자 위대하다고 자부할 수 있는 대학으로 나아가야겠다는 생각에서였다.

나는 간이식 수술 1년 만에 12명의 한림대학교의료원 대표단을 이끌고 컬럼비아대학병원을 방문했다. 그런 방문 기회가 주어진 것은 1979년 연수 이후 각별한 관계를 유지해온 컬럼비아대학의 신장이식센터 설립자이자 소장인 마크 하디 교수의 적극적인 후원 덕분이었다. 아침 8시부터 저녁 5시까지 사흘간 각 분야 전문가들이 동원돼 컬럼비아대학에 대한 프레젠테이션을 진행했다. 시차까지 겹쳐 힘든 일정이었지만 무사히 극복했다.

나는 컬럼비아의과대학과 코넬의과대학, 뉴욕프레스비테리언병원NYPH, 한림대학교의료원과의 협력 파트너십을 제안했다. 당시로선 터무니없는 요구사항이었다. 아이비리그 두 대학은 물론이고 세계적 명성을 자랑하는 NYPH는 컬럼비아와 코넬이 만든 미국 5위의 병원이었다. 그에 비하면 한림대학교병원은 한국에서도 탑이 아니었으니, 그들과는 비교조차 불가능한 레벨이지 않은가. 당시 의료원 사람들 대부분은 내게 참 허망한 일을 벌인다고 했다. 한강성심병원, 강남성심병원처럼 이제 막 시작한 병원들로 세계적인 대학과 교류 협력관계를 맺는다는 게 상식적으로 말이 되느냐고, 그쪽에서 수락할 리 없는 불가능한 제안이라며 고개를 저었다.

그들에게 나는 이렇게 응수했다. "여러분처럼 생각하면 지금의 우리는 캔자스나 앨라배마, 몬태나 같은 변방 지역 기관과 수준이 맞으니 그쪽에나 제안해보자는 말인데, 그런 식의 파트너십을 시작한다 칩시다. 내가 목표로 생각하는, 컬럼비아같이 세계적 경쟁력을 가진 선두그룹에 올라서려면 얼마나 걸릴 것 같습니까? 아마 100년이 가도 어려울 겁니다. 그럴 바에는 밑져야 본전이니 기왕이면 컬럼비아대학을 상대로 시도해보는 게 옳다고 생각합니다. 우리 한번 강하게, 할 수 있다는 믿음을 갖고 도전해봅시다."

그것이 바로 마이티 한림의 정신이었다. 마이티 한림 시대를 열기 위한 도전은 그렇게 시작되었다.

비전과 믿음을 갖자고 자신 있게 외쳤지만, 무턱대고 정신력의 승리만을 강조한 것은 아니었다. 믿을 구석이 하나 있긴 했다. 당시 정부는 인천 영종도 공항과 송도 자유경제특구지역을 개발하겠다는 야심 찬 계획을 세우고 있었는데 나는 그것을 활용할 생각이었다. 사전미팅을 위한 만반의 준비로 국가적 개발계획이 담긴 브로셔를 잔뜩 챙겼다. 대학 소개 일정이 끝난 다음 컬럼비아대학병원의 허버트 파데스 원장에게 면담을 요청하자 곧 스태프 회의가 있어서 10분밖에 줄 수 없으니 간략하게 설명해보라 했다.

이 순간을 위해 얼마나 많은 연습과 준비를 했던가. 나는 숨을 고르고 브리핑을 시작했다. 지금 급부상 중인 한국은 선진국 진입을 목전에 두고 있다. 다만 안타깝게도 아직 의료 부문은 세계적 수준까지는 이르지 못했기 때문에 한국 내 부유한 환자들은 치료를 위해 미국과 유럽으로 나간다. 당신이 허락한다면 한국의 위탁 기관으로서 NYPH에 환자들을 보낼 생각이다. 무엇보다 치료가 목적인 사람들이니 비용이 얼마가 됐든 기꺼이 지불할 여력이 있고, 보험도 적용 안 돼 전액 현찰로 지불할 수밖에 없다. 협력만 원활히 이루어진다면 앞으로 병원 경영에 큰 도움이 될 것이다.

거기까지 듣더니 원장은 괜찮은 생각이라며 그 자리에서 미드타운에 나가 있는 행정부원장을 호출했다. 이어서 내 숙소를 묻고는 그곳으로 행정부원장을 보낼 테니 자세한 설명을 해달라고 했다. 이런 행운에 대비해 이미 맨해튼 힐튼에 가장 큰 방을 잡아두었다. 몇 시간 후 호세 누네즈 행정부원장이 힐튼에 도착했고 이후 일은 일사천리로 진행됐다. 이렇게 하여 성사된 파트너십은 우호적으로 지속되어 마침내 2004년도에는 한국의 롯데호텔서울에서 한림-컬럼비아-코넬-NYPH 업무협약식과 더불어 제1회 한림-컬럼비아-코넬-NYPH 국제학술심포지엄이 성대하게 치러졌다.

| 2004년 9월 한림-컬럼비아-코넬-NYPH 협약 대표단

이제 한림대학교의료원은 세계적 병원인 NYPH의 협력병원으로서 국제사회에 당당히 진출하게 되었다. 이 협약이 우리에게 지대한 의미를 갖는 것은 향후 세계적인 명문 스웨덴 웁살라대학, 이탈리아 파도바대학 등과 협력관계를 맺는 데 우리의 입지를 가장 확실히 보증해주는 역할을 했기 때문이다.

2000년대가 시작되면서 이제 한국도 국제사회에서 원조 국가로서의 역할을 강화하기 시작했다. 한국국제협력단 코이카KOICA의 활동이 대표적이다. 2007년 당시 이라크는 미국의 공격과 후세인 정권 붕괴 후 지속된 내전으로 고통받고 있었고, 한국은 유엔 산하 평화유지군을 파병해 치안 유지와 건설을 돕는 상황이었다. 정부는 의료 부문까지 원조를 확대하기로 결정하고 코이카를 통해 지원 공모에 나섰다. 그러나 어떤 의료원도 관심을 두지 않아서 신청자가 나타나지 않았다.

대학병원을 타진하던 코이카는 한림대학교의료원을 찾아와 지원을 요청했다. 나로서는 고민하지 않을 수 없었다. 당시 한 달에 100여 명의 사상자가 나오던 위험한 지역인데, 교직원의 안전을 보장할 수 없었기 때문이다. 그런데 마침 코이카 사업에 지대한 관심을 갖고 있던 정형외과 김석우 교수가 적극적으로 참여하겠다고 자원했고, 사회 체제가 파괴된 곳으로의 의료 지원은 누군가는 반드시 나서야 할 일이었으므로 나는 결단을 내렸다. 그리하여 우리 의료원은 코이카가 추진하는 바그다드 지역의 외상센터 건립과 나자프 지역의 응급시스템을 위한 이동진료팀 사업수행기관으로 지정되었다.

나자프 이동진료팀 구축 프로젝트는 큰 성과를 보였다. 우리 의료원은 버스를 개조해 이동병원으로 구성하자는 제안을 준비했다. 선발대 차량이 지역을 먼저 둘러보고 본부에 무전으로 교신해 해당 지역에 필요한 이동병원 버스를 호출하는 시스템이었다. 수술 차량을 비롯해 내과·치과·진단방사선·앰뷸런스·식당차량 등 진료와 진료지원팀을 망라한 15대 버스로 구성된 그야말로 '이동하는 종합병원'의 제안이었다. 이 모델은 이라크가 처한 현실과도 맞아떨어져 회의에 참석한 이라크 정부 관계자와 코이카 직원 모두가 극찬했다. 후에 이 프로젝트는 이라크의 다른 지역에서도 선호하는 롤 모델이 되었다.

이라크 정부는 국가 재건 사업의 보건 분야 협약 파트너로 우리 의료원을 선정했고 이후 3년 6개월간 우리는 재건 사업에 참여해 5개 프로젝트를 성공적으로 수행했다. 이 과정에서 약 300여 명의 이라크 의료진이 한국에 2, 3개월 체류하면서 한국 의술을 배워가기도 했다. 전쟁으로 만신창이가 된 이라크에 대한 의료 지원은 우리 의료원의 글로벌 사회 공헌의 정점이었다.

사실 코이카 사업은 경영자 입장에서는 손해가 크다. 실비가 지원되기는 하지만 해외에 의료진을 파견하면 수술을 포함한 공백을 어쩔 수 없이 감수해야 한다. 국제 사회에 기여한다는 보람은 있으나 수익 면에서는 손실인데, 그럼에도 '남들이 모두 외면하니 우리라도 해야 한다'는 마음으로 '환자 있는 곳에 의사가 있어야 한다' 는 선친의 신념에 따라 사업 합류를 결정한 것이다.

이라크에서의 성공을 계기로 코이카는 우리 의료원을 해외 의료 원조 프로젝트에 다수 선정했다. 아시아, 아프리카, 중남미 지역 역 시 한국 의료의 도움이 절대적으로 필요한 상황이었다.

▲ 이라크 3개 의대 초청 연수 수료식
▼ 2012년 7월 20일 성공적으로 개원한 베트남 꽝남중앙종합병원

동남아 지역으로는 베트남, 캄보디아, 라오스 등이 대상이었다. 특히 베트남 중부지역 종합병원 건립 프로젝트의 사업수행기관이 되면서, 한림대학교의료원은 500병상의 꽝남중앙종합병원 설립을 위한 설계와 건축, 장비 도입과 직원들 훈련까지 총괄 진행을 맡았다. 무려 3500만 달러가 투입된, 한국 정부가 추진하는 무상 원조 사업 중 최대 규모의 프로젝트였다. 마침내 개원하는 날 병원은 환자들로 문전성시를 이루었고 우리 의료원은 베트남 보건부로부터 감사장을 받았다. 이라크와 베트남에서의 성과에 힘입어 한림대학교의료원은 'K-의료'의 주역이 되었다.

이후 아프리카 케냐에 진출해 모자보건센터를 증축, 개선하고 초청 연수 등을 진행했고 남미 파라과이에는 3개의 모자병원과 종합병원 하나를 설립, 운영하기도 했다. 라오스에서는 국립아동병원 건립 프로젝트를 중심으로 수행하며 의료 인력 양성을 위한 연수와 교육에도 힘을 기울였다. 2014년 서아프리카 일대에 에볼라 바이러스 사태가 발생해 그 해에만 7373명이 숨지는 비극이 일어나자 한국 의료진은 시에라리온 공화국에서 국제 구호 활동을 벌였다.

한편 컬럼비아대학과의 협력이 진행되던 무렵, 하버드대학의 세계적 빈곤학자인 제프리 삭스 부부가 컬럼비아대학으로 이적했다. 제프리 삭스 교수는 2009년 컬럼비아에 지구연구소The Earth Institution를 설립하며 아프리카 빈민 구제에 앞장섰고 2015년까지

전 세계 절대 빈곤을 절반 수준으로 줄이자는 목표로 출범한 유엔 밀레니엄 프로젝트를 총괄했다. 이 사업에 한림대학교의료원도 적극적으로 참여하여 10만 달러를 지원하기로 했다. 전 지구적인 협력을 통해 빈곤과 기아를 퇴치하는 프로젝트는 세계인이 함께 나누고 짊어져야 할 사회적 책임이라고 생각했기 때문이다.

2011년 이웃나라 일본 후쿠시마에서 대지진과 대형 쓰나미가 발생해 엄청난 피해를 주었고, 원전 가동이 중지되면서 방사선 누출 사고까지 더해졌다. 한림대학교의료원은 즉시 일본적십자사에 동일본 대지진 긴급구호금 명목으로 1억 원을 보냈다. 아마도 당시 일본에 구호금을 원조한 한국 의료기관은 우리가 유일했을 것이다.

시간이 흘러 이제 다른 의료원들도 해외 의료봉사에 관심을 갖기 시작했다. 그런데 코이카 사업을 서로 경쟁적으로 유치하려고 달려드는 모습이 마냥 반갑지만은 않다. 어떤 부분에서는 형식적이고 겉치레적인 목적이 앞선 것이 아닌지 의구심이 들기 때문이다. 우리가 기초부터 마무리까지 총괄 진행한 꽝남중앙종합병원도 중앙대학교의료원이 인수하였다. 2년 후 기념식에 초대받아 갔을 때 그쪽 관계자가 나를 찾아와 다시 한림대학교의료원이 올 수는 없겠느냐고 간곡히 요청했는데, 그 얘기를 듣고 이제 우리 의료원은 서서히 코이카 사업에서 물러나야 할 시간이라고 생각했다.

마이티 한림을 향한 파트너십

　　세계적인 명문대학인 컬럼비아와 코넬, 그리고 NYPH와의 파트너십 성공에 나는 몹시 고무되었다. 어렵게 성취한 이 귀중한 기회를 발판으로 어떻게 해서든 좋은 결과를 끌어내야겠다는 의지도 타올랐다. 학생들의 임상실습과 교수들 간의 공동연구를 격려하기 위해 가능한 모든 지원을 설계했다. 이들이 체류할 숙소 확보가 우선이었으므로 서둘러서 허드슨강 건너편의 뉴저지 포트리에 신축되는 타운하우스를 구입했다. 5베드룸짜리 최신 건물이었다. 그리고 허드슨강 절벽 위에 위치한 콘도도 한 채 매입했는데 저 멀리 엠파이어스테이트 빌딩까지 한눈에 들어오는 멋진 전망이 펼쳐지는 곳이었다.

　　나는 이렇듯 미래의 청사진을 꿈꾸며 세팅 작업에 매진하느라 여념이 없었는데, 어찐 일인지 학생과 교수들은 별 호응이 없었다.

그들은 세계로 나가보겠다는 자신감도 열정도 보여주지 않았다. 정말로 어렵게 컬럼비아의과대학의 정식 임상실습프로그램을 개설했건만 지원자가 한 사람도 없었다. 물론 언어 문제도 있었겠지만 선진 의료를 경험할 수 있는 절호의 기회를 눈앞에 대령했는데 이렇듯 철저히 외면받을 줄은 상상도 못했다. 교수들 역시 마찬가지였다. 컬럼비아든 코넬이든 의대 지원을 기피했다. 혹시라도 연수 기간 동안의 생활을 낱낱이 보고해야 할지도 모른다는 불편함마저 내비쳤다.

나는 몹시 실망했다. 상황이 이렇다 보니 초기 2, 3년 동안은 지원자가 없어서 거의 반강제로 차출하듯 선발하게 되었는데 결과적으로 우등생보다는 한 번 도전해보자, 하는 배짱을 가진 학생들이 프로그램에 참여하게 됐다. 실제로 컬럼비아 임상실습에 참여하면서 학생들은 첨단의 교육방식과 내용에 적잖이 놀랐고 이는 곧바로 열심히 해야겠다는 동기부여로 이어졌다.

사실 뉴욕에는 좋은 대학과 병원이 아주 많다. NYPH를 비롯해 마운트 사이나이, 뉴욕 시립병원 등 훌륭한 병원이 즐비하다. 한국 의과대학의 우수한 인재들은 이런 최고 병원에서의 연수 기회를 갈망했지만 문제는 거처 마련이 가장 걸림돌이었다. 뉴욕 맨해튼의 살인적인 집세는 웬만해서는 엄두를 낼 수가 없는 수준이었기 때문이다. 그런 형편이었으니 다른 대학 학생들이 우리 의대생들을 얼마나 부러워했겠는가. 그 선망의 대상이 된 우리 숙소는 향후 국제적 파트너십에 걸맞는 재원들을 길러낼 베이스캠프인 셈이었다. 그를 염두에 둔 투자와 지원은 이내 결실을 맺기 시작해 활발한 연수와 교류에 있어 든든한 교두보가 되어주었다.

이후 한림-컬럼비아-코넬-NYPH 국제심포지엄은 한국에서 여러 차례 성공리에 개최되었다. 그 경험이 축적되면서 이제는 뉴욕 맨해튼에서 열어도 되겠다는 자신감이 생겼다. 때마침 뉴욕과학아카데미New York Academy of Sciences 회장인 엘리스 루빈스타인 박사와도 친분을 갖게 됐다. 그의 부인인 요한나 루빈스타인은 한림과의 파트너십을 열어준 제럴드 피시백 컬럼비아의대 학장 시절 부학장을 했던 사람이었는데, 그렇게 인연이 닿아 나는 엘리스 회장과 막역한 사이가 되었다.

뉴욕과학아카데미는 맨해튼 5th 에비뉴 60가에 위치한 아주 고풍스러운 건물에 있었다. 건물 현관에는 《종의 기원》을 발표한 찰스 다윈의 흉상이 놓여 있었다. 뉴욕과학아카데미는 그 건물에서 맨해튼의 중심인 그라운드 제로(9.11 때 무고한 시민 3000명이 희생당한 월드트레이드 빌딩 자리에 세워진 70층짜리 멋진 건물이다)로 이전 계획이 있었는데, 엘리스 회장의 특별한 지원을 받아 그곳에서 마침내 한림-컬럼비아-코넬-NYPH 국제심포지엄을 개최하게 됐다.

로버트 켈리 원장의 적극적인 후원 아래 제럴드 피시백 전 컬럼비아의대 학장 등을 비롯한 명사들과 컬럼비아, 코넬 교수들이 참여하는 심포지엄이 진행되었다. 미주한인의사협회 회장단, 뉴욕한인회 회장단도 참여했다. 심포지엄은 성황리에 흡족하게 마무리됐고, 허드슨강을 물들인 황홀한 노을을 배경으로 진행된 리셉션에서 나는 강변을 내려다보며 진정한 세계화 시간에 세계적 시민이 되었다는 자부심에 감격스러웠다. 평생 잊지 못할 멋진 순간이었다. 첫 번째 성공적인 개최를 발판으로 심포지엄은 이후 뉴욕과학아카데미에서 수차례 열렸다.

참고로 덧붙이자면 한림대와 컬럼비아의대와의 협력을 승인한 제럴드 피시백 학장은 세계 최고의 신경과학자이며 하버드대학 생화학과에서 주임교수를 역임한 분이다. 퇴임 이후에는 세계적인 기업 시몬스 재단의 초빙으로 오티즘(자폐증) 연구를 주도했다. 자폐증 자녀를 둔 시몬스 회장이 어떻게든 치료법을 개발해달라고 간곡히 요청했기 때문이다. 시몬스 재단은 맨해튼 3rd 애비뉴 13가에 있었는데 건물의 2개 층을 오티즘 연구를 위해 내주고 무제한으로 연구를 지원했다. 그중 한 층에는 피시백 학장의 명예를 기리는 '제럴드 피시백 오디토리움'이라는 멋진 강당이 있었다. 나에게도 또한 제럴드 피시백 박사는 거인이었다.

미국을 넘어
유럽으로

컬럼비아와의 제휴 이후 나는 유럽으로 시선을 옮겼다. 이웃 일본과는 지정학적, 문화적으로도 장벽이 높지 않아서 예전부터 교류를 이어와 나가사키대학, 교토부립의대, 나고야시립대학병원 등과 돈독한 관계를 갖고 있었고 미국과는 톱클래스와 협력관계를 시작했으니 이제 유서 깊은 유럽 쪽을 타진해볼 차례라 생각했다.

내가 관심을 가진 곳은 스웨덴의 웁살라대학교였다. 1477년에 설립된 웁살라대학은 스웨덴은 물론 스칸디나비아 지역에서 가장 오래된 대학교로 인문사회과학, 자연과학 분야에서 북유럽 최고 수준을 자랑하는 명문대학이다. 노벨상 수상자 11명을 비롯하여 생물 분류학의 기초를 놓은 식물학자 칼 폰 린네를 배출한 곳으로도 유명하다.

사실 스칸디나비아 지역을 염두에 둔 것은 스웨덴, 노르웨이, 핀란드와 덴마크까지, 이들 나라가 복지뿐만 아니라 의료나 과학 분야에서도 굉장히 앞섰기 때문이다. 가장 먼저 스웨덴을 생각한 것은 특히 여러 가지로 배울 점이 많은 나라여서다.

웁살라대학과의 파트너십을 제안해볼까 한다고 했더니 40년 지기인 하디 교수를 포함해 컬럼비아대학 교수들은 이구동성으로 웁살라가 얼마나 콧대 높은 곳인지 아느냐, 유명한 문인들도 죄다 퇴짜 맞고 오는 곳이니 절대로 호락호락하지 않을 것이라 했다. 네 생각이 그렇다면 시도해보는 거야 말리지 않겠지만 과연 성사가 되겠느냐고 다들 기대하지 않는 눈치였다.

그런데 사실 나는 알고 있었다. 세계적 경쟁력을 가진 컬럼비아의 파트너라는 프리미엄만으로도 충분히 시도해볼 만하다는 것을. 한림대학이 어떤 곳인지, 소위 말해 한림의 역량이나 기타 등등을 굳이 조사할 필요도 없는 것이, 이미 컬럼비아와 파트너십을 맺을 정도의 역량임은 검증된 셈이지 않은가. 그 자체가 굉장한 개런티인 것이다.

마침 매제가 외교관이어서 그 주변 인맥을 동원해 주 스웨덴 한국 대사에게 편지를 보내기로 했다. 웁살라대학과 파트너십을 맺고 싶은데 시작을 어떻게 해야 할지 대사님의 조언을 듣고 싶다, 기왕이면 대사께서 그쪽 의향도 타진하고 가교 역할을 해주시면 감사하겠다고 간곡한 부탁의 편지를 드렸다. 이준희 대사는 기꺼이 그 역할을 수락하고 직접 웁살라대학을 방문해 총장까지 만나 주었다. 웁살라의 안데스 할베리 총장은 그릇이 큰 사람이었다. 그런 사람일수록 너른 마음과 시야를 갖고 있기 마련이다. 한번 만나 보자는 답신이 왔다.

이준희 대사는 대사관 관저에 우리 대표팀과 할베리 총장, 쉘 오베리 의과대학 학장, 국제교류팀장을 초청해 만찬을 열었다. 그 자리에서 총장은 내게 웁살라와 파트너십을 하고 싶은 이유를 물었다. 나는 스웨덴이 복지뿐만 아니라 과학 분야, 특히 생명과학 분야에 굉장히 앞섰기 때문에 정말로 교류하고 싶은 마음이 간절하다고 대답했다. 그러자 그는 미리 준비해온 두툼한 애뉴얼 아카데미북 한 권을 건네며 여기에 웁살라대학에 관한 모든 것이 다 들어 있다, 우리가 어떤 대학이며 무엇을 하고 있고 또 어떤 분야가 특성화돼 있는지까지 1년간의 연구 업적이 설명돼 있으니 한번 읽어보라고 했다.

다음 날 총장 사무실을 방문하니 총장은 오베리 의과대학 학장을 불러 우리와 별도 미팅을 하라고 지시했다. 나를 포함해 네 명인 우리 일행은 작은 회의실로 안내받았다. 2, 3분쯤 의과대학 시스템에 대한 소개말을 하는 둥 마는 둥 하더니 웁살라대학 교수들 몇 명이 들어왔다. 그제야 그들의 의중을 알게 되었는데 쉽게 말하자면 우리 실력을 테스트해보겠다는 심산이었다. 이미 우리를 다 조사해놓고 소아과, 신경과 등 우리 선생들 분야의 해당 교수들이 들어와 먼저 프레젠테이션을 시작했다. 그런 다음 우리에게도 발표를 해보라 했는데, 나를 포함해 이런 상황을 예측했을 리 없는 선생들은 얼마나 난감했겠는가.

놀라웠던 것은 아무 데이터도 없이 맞닥뜨린 자리에서 세 선생 모두가 경탄할 만큼 그들에게 완벽히 대응했다는 점이다. 이렇게 그들의 테스트를 문제없이 통과하면서 움살라와의 파트너십에 물꼬가 트였다. 이후 연례 심포지엄을 열고 움살라와 공동연구소도 운영하면서 5년 후 마침내 공식 협약이 이루어졌다.

| 2008년 2월 스웨덴을 방문한 윤대원 이사장과 한림대학교의료원 김용선, 이혜란, 이병철 교수

교류가 활발해지고 또한 후에 내가 린네 메달도 수상하면서 웁살라와의 파트너십은 지금까지도 견고하게 유지되고 있다. 나중에 안 사실이지만 그때 웁살라에서는 나를 굉장히 인상 깊게 본 모양이었다. 한국에서 선생들을 보내 의사 타진해도 되는 것을, 책임자가 직접 와서 진두지휘하는 모습이 그들의 눈엔 남달라 보였던 것 같다. 컬럼비아의 파트너라는 프리미엄을 믿고 시도한, 남들이 보기엔 무모해 보였을 도전은 우리의 열정과 확신, 이준희 대사의 전폭적인 지원이 더해져 마침내 대등한 파트너십이라는 귀한 결실로 이어졌다.

파도바대학과의 교류도 획기적인 사건의 하나다. 이탈리아의 고대 도시 파도바에 있는 파도바대학은 세계 최초의 대학인 볼로냐대학에서 파생된 대학으로, 1222년도에 개교하여 임상의학·외과학·해부학 등의 분야에서 뛰어난 성과를 내며 근대 의학의 성립에 공헌했다. 코페르니쿠스가 이 학교에서 공부했고 갈릴레오를 비롯한 수많은 저명인사가 교수로 있었던 곳이다.

2000년이 지나도록 당시의 모습이 거의 그대로 보존돼 있는 파도바는 정말 멋진 도시다. 베네치아에서 50분 거리에 있는 파도바대학은 농업이면 농업, 천문학이면 천문학, 지리학이면 지리학, 모든 분야에서 엄청나게 앞서 있으며 분야마다 유러피언 센터를 보유하고 있다. 대학의 도서관에 들어선 순간 그 엄청난 위용에 감탄사를 연발할 수밖에 없었는데, 고색창연하다는 표현이 딱 어울리

| 2011년 파도바대학에서 개최된 제2회 한림-파도바대학 국제학술심포지엄

는, 무려 1000년 이상 된 가구들이 그만큼이나 오래된 고서들을 품고 있는 장면은 경이롭고 아름다웠다.

움살라에 비하면 파도바대학과의 교류는 얼마간 수월한 편이었는데 그것은 이탈리아 특유의 기질 덕분이기도 했다. 이탈리아 사람들은 한국인과 비슷한, 아주 화끈한 면이 있어서 일단 시작했다 하면 추진력이 어마어마하다. 파도바에서는 김용선 교수의 친구인 소르가토 교수가 그 역할을 담당해 모든 인맥을 동원하고 문제를 해결했다. 파도바대학과는 지금도 학생들 간의 교류가 이루어지고 있고 앞으로의 발전 가능성도 커서 미래의 협력관계에서 성과를 기대해볼 만하다. 이 외에도 핀란드의 오울루대학, 미국의 UCLA

등까지 협력관계의 장은 계속 확장 중이다.

 2000년대 초반에 시작한 세계와의 파트너십을 돌아보면, 척박한 환경에서 고군분투했던 시간과 노력이 절대 헛되지 않아서 지금의 우리를 만든 것으로 생각한다. 최근 웁살라 팀이 한림대학교성심병원을 방문했는데 우리 병원의 시스템을 견학하면서 경탄을 금치 못했다는 얘기를 들었다. 지금 우리 병원은 전산화, 로봇화를 비롯한 디지털 전환을 완료한 상황이다. 한림대학교의료원은 지난 3년간의 코로나 시국 동안 디지털 스마트 정책을 강도 높게 밀어붙였는데 코로나 종식 후 확연한 차이를 확인할 수 있었다. 그중에서도 특히 헬스 로봇 서비스는 세계 제일이라고 자신하는 것이, 거의 20000례를 로봇이 수행한 임상을 갖고 있다. 이는 방사선종양학과 팀이 경기도경제과학진흥원에 제안해 이루어낸 결과물이다.

 2023년 9월 한림대학교의료원 생명공학발전팀은 구체적인 협력 방안을 갖고 웁살라대학과 만났다. 이미 시작된 항생제 내성균에 대한 공동연구는 양 대학병원의 이점을 서로 보완하며 상당히 의미 있는 연구 결과가 도출될 것이다. 스웨덴은 항생제 오남용이 없어 내성균의 균주가 희소한 반면 한국은 어느 나라보다 항생제 오남용이 심하여 상대적으로 상당히 많은 내성균의 균주를 확보하고 있다. 이러한 환경적 데이터를 기반으로 서로 보완하는 좋은 협력관계가 될 것이라고 믿는다.

 그뿐만 아니라 중추신경계에 대한 실제적인 협력관계 역시 실무단에 의해 협의가 이미 완료됐고 실질적인 공동연구에 들어갈 단계에 있다. 그 외에도 인공지능에 의한 소화기 내시경 판독 등의 장점을 가진 한림과 웁살라의 협력도 많은 기대를 걸고 있는 부분이다. 한마디로 이제 대학과 의료원 모두 그야말로 한국 최고, 그리고 세계 명문의 대학과 의료원으로 당당하게 나아갈 시간이다.

20년 전에는 우리의 간청으로 교류가 시작되었고 선진 의료국의 명성에 힘입어 큰 도움을 얻었지만 이제는 우리도 그들 못지않은 시스템과 수준을 갖추었다.

2021년 출범한 도헌디지털의료혁신연구소는 기존의 AI센터와 커맨드센터를 편입시키고 이후 빅데이터센터, 데이터 전략 오피스에 Ei-청능개발센터와 덴탈 로봇 연구개발센터까지 신설해 모두 6개 센터를 연구소 산하에 두고 있다. 연구소는 디지털 관련 업무자들이 모두 참여하는 '오픈 싱크탱크'로서 연구자와 기업이 함께 과제를 도출·시험하고 현장에서 실제로 활용할 수 있도록 의견을 교환하는 디지털 의료 혁신의 허브 역할을 하고 있다.

통상적으로 디지털 기술과 원천기술은 대부분 외부 기업이 보유하고 있어서 이를 그대로 병원 업무에 적용하면 겉돌 수밖에 없다. 커맨드센터는 그것을 방지하기 위해 처음부터 외부 기업과 병원 실무진 간 끊임없는 논의와 이견 조율을 수행하며 해결책을 찾는다. 예를 들면 의료 로봇이 병원 현장에서 움직일 때 맞닥뜨리는 시행착오 등을 세밀히 관찰하여 로봇 프로그램을 수정하고 한편에

선 병원 구조를 로봇에 맞게 변경하여 최적화하는 식이다. 이처럼 병원 전체의 디지털 전환을 위해서는 해당 업무를 잘 조율하는 전문가 집단이 필요하다.

디지털 혁신 기술·서비스를 접목하기 위해 전문적으로 움직이는 팀을 가진 병원은 우리가 유일하다. 실제로 국내외 다른 병원에서 커맨드센터의 구조와 역할을 공부해가기도 한다. 신기술·제품이 병원 현장에서 제대로 작동하려면 이런 거버넌스 체계가 중요하다는 것을 우리 역시 숱한 실패를 경험하면서 배웠다. 어느덧 외국의 방문단이 우리 의료 수준에 감탄하고 노하우를 배워가는 혁신적인 단계에 들어선 것을 확인하고 자부심을 품게 되는 요즘이다.

마이티 한림 4.0
글로벌 플레이어의 비전

　　21세기 세계화 시대를 맞아 주창한 '마이티 한림'은 우리 의료원이 급변하는 국내외 의료 환경에 능동적으로 대처하고 세계적 역량을 갖춘 최고의 진료·연구기관으로 도약하기 위한 구상이었다.

　2003년 6월 서울 하얏트 호텔에서 마이티 한림의 비전 선포식이 있었다. 다가오는 미래에 세계적 경쟁자로 당당히 나아가겠다는 자신감과 실천, 의지의 약속이었다. 약 700명의 임상 교원 및 모든 부서 간부직, 대학본부 임원진, 한림대 의대 학생과 전공의들이 참석하여 변화와 혁신의 비전을 공유했다. 구체적으로는 환자 중심의 진료환경 조성, 신뢰와 협조를 바탕으로 명랑한 직장 분위기 유지, 창의적 연구와 교육에 매진, 경영관리 의식 강화, 미래지향적 자세로 의료원 발전에 앞장선다는 5개 핵심 가치가 공표되었다. 성대하게 거행된 의료원의 첫 번째의 행사는 한림인의 가슴에 새로운 꿈과 실천 의지를 심어주었다.

제2기 마이티 한림 선포식은 2006년 11월 강원도 홍천의 대명 비발디 파크에서 1박 2일로 진행됐다. 의료원의 주요 보직자와 임상 교원 및 전공의 대표, 직군별 변화혁신 선도 직원 등 800여 명이 참석해 성대하게 열렸다. 배상훈 의료원장은 '제1기가 세계적 의료기관으로 도약하기 위한 의식 변화와 기초 인프라 구축의 시기였다면 제2기는 본격적으로 생산성을 혁신하고 구체적 성과를 얻는 시기가 될 것'이라고 전망하며 의료원의 3개년 발전계획을 발표했다.

마이티 한림 1, 2기를 거치며 한림대학교의료원의 의료서비스 수준과 연구 역량은 크게 발전했고 이를 통해 세계적으로 인정받는 의료기관으로 도약할 수 있었다. 제3기에서는 차별적 수월성으로 전문화를 높여 마이티 글로벌 플레이어Mighty Global Player로 나아간다는 새로운 비전이 제시되었다. 어떤 국가나 기관보다 원활한 글로벌 네트워크를 구축했다는 자부심에서 비롯된 선언이었다. 특히 미국 컬럼비아대학, 코넬대학, NYPH와 실질적인 교류를 구현한 일은 획기적이었다. 의료진을 미국 등에 활발하게 연수 보내고 국제학술 심포지엄을 미국, 유럽, 일본 등과 매년 개최하며 의료원의 연구 역량을 한 단계 상승시켰다. 이 기간(2010~2015) 동안 동탄성심병원 개원, 기초임상중개연구센터 설립, 해외 유명 대학·병원과의 활발한 국제학술교류, 기후변화에 대응하는 'Eco-Hallym Green-Hospial 환경 경영' 등이 실현되었다.

2018년 세상은 제4차 산업혁명의 첨단기술, 혁명적인 디지털 전환의 시대로 진입하고 있었다. 2019년 4월 한림대학교의료원은 신라호텔에서 마이티 한림 4.0을 선포하며 4차 산업혁명 시대에 부

▲ 2006년 마이티 한림 2기 선포식에서
▼ 마이티 한림 4.0 비전 선포식에 참석한 국내외 내빈들

응하는 미래를 위한 의학을 선도하기로 다짐하였다. 나는 그 자리에서 "4차 산업혁명 시대에 결코 패자가 될 수 없다는 절박함으로, 현실주의와 적극적 개방성과 불굴의 의지로 응전하고 승리하자"고 다짐했다. 선포식에는 NYPH의 전 의료원장인 허버트 파데스 원장과 컬럼비아의 마크 하디 교수 그리고 히데키 이토 일본 도쿄도립건강장수연구소 이사장, 나오키 마루야마 사이타마중앙병원장도 참석하여 아낌없는 격려를 보내주었다. 선포식 직후에 즉각적으로 추진위원회가 결성되었고 1차 시드머니로 50억이 투자되었다. 이러한 선포와 실천은 배순훈(전 정보통신부장관) 이사의 강력한 조언에 따른 것이었다. 그리고 그 결과는 예상을 초월한 수준의 매우 긍정적인 성과로 나타났다.

이후에 발생한 코로나 팬데믹은 무려 3년간 전 세계를 마비시켰다. 어느 곳이든 어떤 일이든, 모두 멈춰버렸다. 다만 바로 직전에 선포한 마이티 한림 4.0의 디지털 전환 작업만은 예외였다. 우리가 추진한 스마트병원화 작업은 세계가 정체된 코로나 기간 동안 유일하게 끊임없이 지속되고 발전했다. 그 결과 코로나 종식을 앞둔 시점에 한림대학교의료원은 제4차 산업혁명 첨단기술이 적용된 스마트병원의 선두에 섰고 로봇 의료서비스 분야를 주도하는 큰 성과를 창출했다. 예상치 못한 세계적 재난 상황에서 선물처럼 주어진, 의료원으로서는 큰 도약의 기회였다.

마이티 한림의 구상이 아무리 원대하고 체계적이라 한들 결국 그것을 성취해낼 수 있느냐는 사람에 달렸다. 즉 '사람이 제일'이라는 것이다. 나는 이 점을 확실히 인지하고 인재 양성에 모든 노력을 집중했다. 2006년부터 10여 년간 매주 화요일 아침 6시 30분부터 8시까지 재단과 의료원, 대학 등의 주요 보직자가 참여하는 '주간화상회의'를 주재하며 혁신을 주도하였다. 또 차세대 병원경영자 양성과정과 차세대 리더 양성과정, 'Best Practice 경진대회'를 통해 인재 발굴과 양성에 관심을 기울였다. 변화에 과감히 응전하는 인재에게는 격려금을 지급해 사기를 진작시켰다.

특히 매년 삼성의 창조관과 호암관을 주요 보직자가 방문하고 체험하도록 했다. 세계 제1의 기업 삼성을 벤치마킹하기 위해서였다. 삼성은 창조적이고 융합적인 첨단의 방법으로 인재를 양성하고 있었고 그에 걸맞은 창조관과 호암관이라는 인력개발원도 갖추고 있었다. 우리에게도 인력 양성 연수원이 필요한 시점이라는 생각이 들었다.

2002년도 전국 꽃 박람회가 충청남도 안면도에서 열렸다. 나는 오랜 투병과 간이식을 마치고 수십 년 만에 재단 국장과 원장들을 동반하여 안면도를 방문했다. 꽃 박람회는 처음이었다. 안면도에 들어서며 받은 인상은 발전 가능성이 상당한 지역이라는 느낌이었다. 나는 도착하자마자 부동산중개소에 부동산 상황을 알아보도록 했다. 때마침 안면도 청포대 해수욕장 언덕으로 약 3000평의 매물이 나와 있었다. 가격도 합당해 바로 매입했고 그 자리에 한림대학교 일송문화관 건축을 시작했다.

2003년 개관한 이 연수 시설은 증축을 통해 현재는 최대 160명이 숙식할 수 있는 17개 객실, 230명을 수용할 수 있는 교육시설을 갖추고 교육과 복지를 위한 장소로 활발히 사용 중이다. 정규 교육 프로그램 외에 전공의 교육, 환자들의 모임과 워크숍, 청소년 자연 캠프 등 다양한 프로그램에도 활용됨은 물론, 하절기에는 직원들의 가족휴양지로도 애용돼 연간 이용자가 1500명을 상회한다. 십여 년이 지난 지금 문화관 아래 해수욕장에는 모텔 등이 들어서고 상당히 붐비는 인기 휴양지로 변모했다.

한편 동계 올림픽 개최를 기점으로 동해안의 강릉 속초 지역이 급부상하기 시작했다. 동계 올림픽 직전, 미처 개발이 덜 되었을 때 재단은 직원 복지용으로 강릉과 속초 부근에 20평짜리 아파트 20채를 매입했다. 그리고 영랑호 주변에도 마침 신축 중인 35평 아파트를 사들여 한 층은 회의실로 개조하고 나머지는 숙소로 사용하도록 준비해 15명 정도가 생활할 수 있는 활용도 만점의 숙박 시설을 갖추었다.

ECO 한림의
환경 경영

- 우리는 깨끗하고 건강한 지구 기후·생태 환경 속에 자연과 인간이 공존하는 건강한 시민사회 건설에 앞장선다.
- 우리는 가정, 직장, 지역사회뿐 아니라 전 국토와 지구의 환경문제를 해결하기 위해 환경 파수꾼의 역할을 다한다.
- 우리는 에너지, 물, 물자 등 모든 자원의 절약과 이산화탄소 발생 최소화를 통해 환경오염을 예방하고 자연생태계를 복원, 보전하는 데 앞장선다.
- 우리는 의식 함양을 통해 환경보전 활동을 적극 수행하며, 사회 공공의 환경의식 강화를 위한 교육, 홍보 활동에 적극 앞장선다.
- 우리는 관련 단체, 기관과의 협력을 통해 지구온난화 방지와 환경 보전을 위한 활동을 지속적으로 추진한다.

2008년 'ECO 한림 환경 경영' 선포식에서 반포한 에코 한림 헌장의 내용이다. 우리 의료원이 친환경을 내세운 것은 어제오늘 일이 아니지만 2000년대부터는 의료원 전체의 핵심 가치이자 목표로 중시해오던 것을 본격적인 경영 방침으로 발표함으로써 보다 적극적인 동참을 이끌어내보고 싶었다.

이후 '지구와 함께하는 아름다운 변화'라는 슬로건 아래 'ECO Hallym Green Hospital' 운동이 전개됐다. 이 캠페인은 절전, 계단 이용, 물품 절약 등의 일상 실천에서부터 일회용품 사용 줄이기, 쓰레기의 효율적 처리, 출퇴근 자전거 사용 등에 이르기까지 다양한 내용으로 확산되었다.

최근 기업 경영의 새로운 패러다임으로 부상한 ESG는 산업 전반으로 확대되면서 기업의 가치 판단에 중요한 기준이 되고 있다. 국제 사회가 '기후공시'를 의무화함에 따라 일반 기업은 ESG 요소 중 '환경'에 가장 많이 투자하고 있지만, 유독 의료기관들은 사회Social나 지배구조Governance에 치우친 경향을 보인다. 친환경 활동의 주요 과제인 탄소배출 감축, 자원 및 폐기물 관리, 에너지 효율 향상 등을 위해서는 관련 설비에 대규모 투자와 준비가 필요하기 때문이다.

우리가 일찍이 에코 한림 환경 경영을 목표로 에너지 인프라 구축에 주력해온 것은 이제 의료기관도 단순히 질병 치료를 넘어 사회적 가치를 실현해야 하는 시대가 올 것임을 예견했기 때문이다.

의료기관의 친환경 경영은 전 세계가 함께 풀어야 할 환경문제 극복에 일조함과 동시에 궁극적으로 국민의 안전과 공중보건에 이바지한다는 의미에서도 중요하다.

에코 한림의 핵심 사업은 지속적인 에너지 인프라를 구축하고 이산화탄소 배출량을 줄이는 데 있다. 2009년부터 순차적으로 시작한 한림대학교성심병원, 강남성심병원, 춘천성심병원, 동탄성심병원의 태양전지판 설치 작업도 그 일환이다. 그렇게 얻은 태양열 에너지를 한림대학교성심병원은 응급실 등에 사용했고 비축한 에너지는 밤에 가로등 불빛으로 활용했다. 춘천성심병원은 인공신장실의 주요 장비에 사용했다. 또한 각 병원 기관실에서는 단순한 냉난방 온도조절을 벗어나 온도와 습도 등 제반 요소를 고려해 냉난방 강도를 조절하여 에너지 낭비를 줄였다. 이러한 노력으로 2023년 상반기에만 10만 킬로와트에 달하는 에너지를 절감했다.

특히 에너지 절감에 기여한 친환경 건물로 평가받는 동탄성심병원은 설계 단계부터 태양광 발전 설비를 적용하고 폐열 회수, 빗물 정수 재활용, 24시간 조명 지역의 LED 조명 설치 등으로 탄소배출을 줄이는 데 초점을 맞췄다. 이 밖에 에너지 효율을 높이기 위해 결로 현상을 줄이고 단열에 도움이 되는 에너지 저감 자재를 사용했으며 각종 친환경 건축자재를 사용해 무독성의 청정 실내 공기를 공급하고 있다.

2015년부터는 의료원 차원에서 효율적 물 관리를 위한 시설 정비를 통해 물 사용량을 크게 절감했다. 5월부터 12월까지 45000톤의 물을 절약했는데 이는 평년 사용량보다 11.3퍼센트 적은 양이다. 특히 동탄성심병원은 물을 재사용하는 정수 설비를 설치해 월 평균 2100톤의 물을 절약하는 획기적인 성과를 이루었다.

개개인의 자발적인 동참과 참여는 더욱 돋보였다. 춘천성심병원 영상의학팀은 30여 명의 교직원이 '자전거 발대식'을 열고 자가용 안 타기를 선언했다. 도보와 자전거를 이용한 출퇴근으로 지구온난화의 주범인 이산화탄소 발생을 줄이자는 취지였다. 이 팀은 우수발표사례로 선정되어 받은 격려금으로 자전거 10대를 구입하고 팀원 모두가 자전거를 이용해 직원단합대회에 참가하기도 했다.

강동성심병원 클린봉사단은 환경캠페인으로 '빈 그릇 운동'을 전개해 음식물 낭비와 에너지 절감에 노력했고 이후에는 1회용품 사용량 줄이기, 이면지 활용하기, 계단 이용하기, 병원 주변 지역 대청소 등의 캠페인으로 이어 나갔다. 한강성심병원은 '푸른별 지킴이'를 발족시켜 병원 차원의 각종 환경 활동을 담당하면서 환경 운동 추진과 모니터링 등 전위 활동을 맡았다. 에코 활동 경진대회도 개최해 창조적 발상으로 환경 경영을 실천해온 사례들도 공유하고 격려했다. 스위치 하나로 여러 개 전등이 켜지던 것을 여러 개 스위치로 구역을 나눠 점등하도록 바꾼 것부터 보일러에 폐열 회수 장치를 설치해 날아가는 폐열을 잡아 보일러 급수에 재활용한 사례, 병동 창틈에 문풍지를 부착해 실내 온도를 2도 이상 상승시킨 결과도 발표되었다.

또한 잔반 없애기 캠페인에 따라 병원마다 잔반 없애는 날을 정해 음식물 쓰레기를 줄이는 경험을 축적하여 기존보다 20퍼센트 이상의 잔반을 줄였다.

한림대학교의료원은 교직원뿐만 아니라 환자나 보호자도 친환경 활동에 동참할 수 있도록 다양한 ESG 캠페인을 진행하고 있다. 그중 '감減탄 프로젝트'는 주차별로 친환경 미션을 수행하여 인증하는 프로젝트로 SNS를 통해 일반인도 참여하도록 유도해 큰 호응을 얻었다. 덕분에 2022년부터 2년 연속 ESG 소통대상 '보건복지위원장상'을 수상했다. 최근에는 일회성 캠페인에서 벗어나 지속적인 참여를 독려하기 위해 국내 의료기관 최초로 한국환경공단에서 추진하는 탄소중립실천포인트 프로그램에도 참여했다.

또한 종이 사용을 줄이는 '페이퍼리스PaperLess' 병원을 위한 제증명 온라인 발급 시스템, 전자처방전, 실손보험간편청구 키오스크 등을 설치했고 친환경 경영에 대한 조직 구성원의 동기부여와 공감대 형성을 위해 포상 제도도 마련했다. 최근에는 '의료원 에너지 현황 대시보드'를 구축해 원내 그룹웨어에 탑재함으로써 전 직원에게 병원별 전기, 가스, 열병합, 물, 폐기물(생활, 의료) 등의 사용 현황 및 증감 사유를 공유하고, 개인별 에너지 절감 인식을 높이는 데 힘쓰고 있다.

이 밖에 2022년 환경부 주관 '감염 우려 의료폐기물 처리 기술개발사업'의 일환으로 관련 업체와 함께 병원 맞춤형 의료폐기물 멸

균분쇄시스템도 개발 중이다. 갈수록 의료폐기물이 증가하는 상황에서 포화상태에 이른 의료폐기물 처리 문제를 해결하고 감염병 확산 및 환경오염을 줄이기 위해서다. 해당 시스템은 현재 데모버전 테스트 중이니 조만간 상용화가 가능할 것이다.

글로컬대학,
다시 도약의 길로

한림대학교의 개교 슬로건은 'Small But Great'이다. '작지만 위대한' 시대를 열어야 할 시간을 맞아 2021년 제11대 한림대학교 총장으로 최양희 총장을 모셨다.

최양희 총장은 지난 40여 년간 한국전자통신연구원(ETRI)*의 연구원, 서울대학교 공과대학 교수로 봉직하고 미래창조과학기술부 장관을 역임한 분이다. 최근 2년간은 서울대학교 인공지능위원회 초대 위원장직을 수행하기도 하셨다.

---

* 한국전자통신연구원ETRI(Electronics and Telecommunications Research Institute)
정보, 통신, 전자 분야의 새로운 지식과 기술을 창조·개발·보급하고 전문인력을 양성하여 경제 사회 발전에 기여하기 위해 설립된 과학기술정보통신부 산하 정부출연 연구기관이다. 국내 최대의 정보통신 국책 연구기관으로서 연간 4000억 원의 예산이 책정되며 40여 개 연구부에 1500여 개 연구팀이 소속돼 있다. 1976년 창립 이래 전전자식교환기, 초고집적 반도체, 슈퍼미니컴퓨터, 디지털이동통신시스템 등 IT 관련 기술을 선도하며 한국이 정보통신강국으로 발돋움하는 데 기여했다.

때마침 ETRI의 춘천 분원을 설립하는 논의가 시작됐다는 반가운 소식과 더불어 강원도의 강원퀀텀밸리 계획도 발표되었다. 양자정보통신기술을 강원도의 자동차, 의료 바이오, 수소, 안보 국방, 데이터 특화산업에 접목한다는 퀀텀시티 구축 계획이다. 이를 위한 세부 전략 중 특히 양자정보기술 R&D와 실증사업 분야에서는 양자핵심소자 공정장비에 강원도와 춘천시가 30억 원을 투자하여 도입하고, 이를 한림대, ETRI, 강원TP가 공동 운영한다. 2030년이면 양자정보통신사업의 경제 규모가 14조 원에 육박할 것으로 예상되는 만큼 선제적 대응을 위한 준비 작업이 시작된 것이다. 우연이라기에는 참으로 절묘한 느낌마저 드는 반가운 소식들이다.

그런 한편으로 또 다른 현실을 들여다보면, 세계 최저 출산율로 인한 학령아동의 감소로 대학은 생존의 기로에 섰고 교수와 교직원 또한 삶의 터전을 잃을지 모를 위기와 마주했다. 제4차 산업혁명에 진입한 디지털 전환 시대는 혁신적인 교육 개혁을 요구하고 있다. 학과의 구조조정에서부터 강의계획의 전면적인 혁신 그리고 교수법까지, 필연적 개혁을 감수해야 하는 절체절명의 순간이다. 하지만 나는 오히려 이것이 우리에겐 절호의 기회가 될 수 있다고 생각한다.

이런 위기의 순간에 인공지능 시대를 선도한 주역인 최양희 총장을 사령탑으로 모셨으니 천군만마를 얻은 기분이다. 물론 오늘의 위기를 총장 한 분의 역량과 노력으로 돌파할 수 있다고 생각하는 것은 아니다. 우리가 마주한 시대적 난관은 교수, 학생, 교직원까지 한림의 구성원 모두 깊은 자각과 필사즉생의 강한 의지를 가져야만 극복할 수 있다.

2023년 한림대학교는 교육부가 학교당 5년간 1000억 원을 지원하는 역대 최대 규모의 지방대학 지원사업인 '글로컬대학'에 선정됐다. 이 사업에 지원한 94개교 중에서 최종 선정된 10개 대학 중 사립대는 우리를 포함해 3곳에 불과하다. 심사 과정에서 '다른 대학이 보고 함께 따라갈 수 있는 모델 대학이 되면 좋겠다'라는 평가를 받은 한림대의 글로컬대학 계획서는 대학 간 통합 모델을 내세운 대다수 대학과 달리 인공지능 기반의 고등교육 시스템을 구축해 'K-고등교육모델'을 세계에 선보이겠다는 계획을 구체화하였다. 그 내용은 최양희 총장이 2년 전 취임사에서 밝혔던 것이기도 하다. 이번 글로컬대학 선정에 대해 최 총장은 "이미 우리는 20년 중장기적 계획을 세웠고, 첫 5년짜리 프로그램을 글로컬대학 사업으로 시작하는 것입니다. 지금부터 새로운 대학을 제대로 만들어봅시다"라는 출사표를 던졌다.

우리가 글로컬대학 계획서에서 밝힌 몇 가지 주요 전략을 정리하면 이러하다.

우선 한림대는 대학의 학과 칸막이를 해체하고 3개 연구원으로 재구성할 계획이다. 학문이 분화하고 사회 발전 속도가 빨라지면서 이미 학문 간의 경계는 파괴되고 있다. 새로운 전공과 융합 분야가 속속 출현하는 세상인데 지금의 폐쇄적인 구조로는 이러한 변화에 신속하게 대응할 수 없다. 학과 칸막이를 그대로 두면 사고 범위도 그 범주를 벗어나기 어려울 수밖에 없다. 이에 3개의 융합연구원을 신설해 모든 교수의 소속을 학과가 아닌 연구원으로 변경할 계획이다. 학과의 경계를 초월한 토론과 연구는 새로운 전공개설, 융합학문 출현 등 혁신의 기폭제가 될 것이다. 이러한 구상은 모두 최양희 총장이 취임 때 공언한 내용이다.

3개의 융합연구원은 인문·사회·경영·미디어 분야의 도헌학술원, 의료바이오 융합연구원, AI 융합연구원이다. 각 연구원은 기존의 50, 60개 학과별로 수행해온 강의 기획, 전공 신설 및 융합, 평가, 교수 채용 및 승진 등을 종합적으로 진행한다. 교수 이외의 전임 연구인력도 다수 채용해 수준 높은 연구사업을 수행할 것이고 앞으로 연구원별로 무전공 입학도 시행할 계획이다.

학생들이 무전공으로 입학한 다음 적성을 탐색하고 이후 학과를 선택하게 하는 것은 교육부가 적극 추진하는 방향이기도 하다. 한림대는 이미 7년 전부터 2개 이상의 전공을 이수하는 복수전공을 필수화했다. 또 입학 후 횟수에 관계없이 전과할 수도 있어 사실상의 무전공제를 실시해왔다. 처음부터 완전한 무전공제를 시행할 경우 시행착오와 혼란이 불가피하므로, 이를 방지하기 위해 일단 학과를 선택하게 하여 심리적 안정감을 갖게 한 다음 이후 전과를 자유롭게 하고 복수전공을 필수로 하는 방식으로 완충장치를 두었다. 원하는 전공이 없으면 학생 스스로 고른 과목들로 전공을 구성하고 승인받는 '자기설계융합전공'도 있다. 2025학년도부터는 자연대 정원의 20퍼센트 규모로 무전공 입학 후 일정 기간을 거쳐 전공을 선택하는 제도를 실시해보고 차후 확대할 계획이다.

다음으로 중요한 전략은 AI 기반의 교육 개혁이다. 10년 후의 고등교육은 현재와는 판이할 것이다. 과목마다 개인 맞춤형 교육이 보편화되고 심지어 개인별로 특화된 교육과정이 설계될 전망이다. 그렇게 되면 속출하는 신설 융합과목을 담당할 교수와 조교가 크게 부족해진다. 대학은 사교육기관과 경쟁해야 하고, 기업과 연구 경쟁도 심해질 것이다. 이를 극복할 대안으로 AI가 큰 관심을 받고 있다. 앞으로 AI를 적극적으로 활용하지 못하는 대학은 도태될 것이다. 그러나 아직 AI를 고등교육에 맞춤 활용한 대학은 세계적으로도 드문 상황이다.

한림대는 사립대학 특유의 유연함과 신속함을 바탕으로 지난 수년간 AI 기반 교육개혁을 성공적으로 진행해왔다. 이미 약 70여 개 과목에서 6000여 명의 학생이 AI 적용 과목을 이수했다. 글로컬대학 사업을 계기로 본격적으로 AI를 대학 교육, 연구, 행정, 기획에 활용하는 계획을 수립해 앞으로는 AI 교수를 적극 활용할 계획이다. 과목의 개설, 교안 구성, 수업 진행, 학생평가 등을 AI가 담당하는 방식은 이미 하버드에서 2023년 가을학기에 채택했으며 향후 글로벌 고등교육의 주류로 자리 잡을 전망이다. 한림대는 2032년까지 전체 교과목의 20퍼센트를 AI 교수가 담당할 계획인데 이를 통해 다양한 과목을 학생 맞춤형으로 제공할 수 있을 것이다. 더불어 고급 교수요원 채용에 대한 어려움도 대폭 해소될 것으로 기대하고 있다.

글로컬대학 사업은 '글로컬'이라는 단어가 내포하고 있듯이 지역과 함께 발전하는 것이 핵심이다. 즉 지방대학의 경쟁력을 향상시켜 교수와 학생이 성장하고 지역도 동반 성장하는 것이 목표다. 한림대는 지역사회에 좋은 일자리가 생겨 인재가 정주할 수 있도록 강원 18개 시군 및 주요 산업단지에 마이크로캠퍼스를 설치하고 있다. 이미 동해시, 횡성군, 인제군 등과의 구축이 진행 중이며, 앞으로 대학 주도로 협업, 교육, 창업, 자문 등을 수행하게 될 것이다. 강원도의 최우선 과제인 일자리 창출, 산업구조 개선을 위해 강원도 외부에서 유망기업을 유치하는 전략, 발전 가능성이 높은 창업을 통한 경제성장 전략 등을 강원도 및 지자체와 긴밀하게 의논하고 제시하는 것은 매우 중요하다. 그 일환으로 춘천역 인근에 '스테이션 C'라는 창업 단지를 구축함으로써 창업에 필요한 공간, 지원, 투자를 제공해 창업의 메카를 조성할 계획이다. 이것이 제대로 안착된다면 소멸 위기에 놓인 지역의 활성화에 크게 기여할 수 있을 것이다.

2024년 6월부터 강원도에는 특별자치도법이 가동된다. 한림대학교는 지역의 대표사학으로서 책임과 의무를 엄중하게 인식하고 있으며 구성원 모두가 힘을 합하여 지역과 소통할 준비를 단단히 해 나가고 있다. 또한 열린 대학으로 지역 생태계의 중심에 서서 교육, 연구개발, 지역기업이 당면한 문제 해결에도 적극적으로 임

| 글로컬대학 비전 선포식에서. 최양희 총장

할 계획이다.

이렇듯 단순히 몇몇 학과나 캠퍼스의 통폐합이 아니고, 소수의 특정기업만을 위한 지역협력이 아니라는 점이 한림대 계획서의 특징이다. 대학 개혁을 5년 안에 완수하기란 사실 불가능하다. 한림대의 계획은 근본적으로 장기계획에 따라 대학을 재설계하고 이를 완성할 시스템을 구축하는 것이다. 따라서 글로컬 사업기간 5년이 끝난 후에도 자력으로 혁신을 지속하며 재정적으로도 합당한 역량을 갖추는 것까지가 우리의 계획이다.

작지만 위대한 시대를 선도해 나갈 한림의 도약을 기대하며 앞으로도 모든 능력과 지원을 아끼지 않을 생각이다. 오직 우리 자신만이 운명의 주인공이고 도전자가 아니겠는가.

7장

윤대원이 걸어온 길
아직도 가야 할 길

주춧돌 정신을
되새기며

일송 윤덕선 박사는 고등학교 시절 일본인 교사에게서 "조선 사람이 독립을 못하고 일본의 식민지로 있게 된 큰 원인은, 조선 사람은 땅에 묻힐 주춧돌 노릇은 하기 싫어하고 저마다 대들보 노릇만 하려고 하기 때문이다"라는 얘기를 듣고 충격을 받았다. 일제 강점기 군국주의적인 인물이 한 말이지만 조선의 현실을 자각하게 하는 따끔한 일침이자 '봉사와 헌신의 철학'으로 다가왔던 것이다. 이때부터 선친은 '주춧돌 정신'을 일생의 좌우명으로 삼았다. '땅에 묻혀서 주춧돌이 되자. 외부에 나서지 말자. 다른 사람을 내세우고 나는 뒤에서 뒷받침을 하자.' 평생 이 좌우명을 한 번도 후회 없이 지켜왔다고 회고했다.

내게 아버지는 한 치의 흔들림 없는 단단한 거목이었다. 한국 사회의 주춧돌이 되겠다는 다짐으로 의술이 필요한 곳에 병원을 설립하고 무료진료와 자선사업에 힘썼으며 대학을 설립해 인재 양성에 매진해오는 동안, 나는 아버지의 뒤를 따르며 그 모든 과정을 몸으로 배웠다. 외과 의사로서 익히고 습득해야 할 모든 것 또한 아버지가 보여주신 온전한 몰입과 헌신을 통해 익혔다. 의사이자 교육자이자 경영자로서 아버지는 내게 더없이 훌륭한 어른이시다.

아버지와 함께한 시간 동안 나는 최적의 환경에서 최고의 수업을 받았다. 이미 주춧돌을 깔고 터를 닦아놓은 자리에서 마음껏 활보하고 후회 없이 내달렸다. 하려고만 한다면 못할 것이 없다는 자신감도, 예측 불허의 상황에서 기꺼이 도전해보자는 용기도, 옳다고 생각하는 일에는 망설이지 않는 결단력도 모두 그 덕분에 얻은 자산이다.

아버지가 떠나신 뒤 마이티 한림을 선포하고 20년을 지나오는 동안 힘들고 고독한 순간마다 곳곳에 심어놓은 아버지의 주춧돌을 돌아보며 용기를 얻었다. 모래벌판에서 일으킨 자랑스러운 희망의 증거들이 헛길로 새지 않고 목표를 잊지 않도록 나를 인도해주었다.

학교법인일송학원 산하의 병원과 복지관, 대학에 이르기까지, 이미 우리 손을 떠나 지역과 사회의 자산이 된 모든 것이 더 많은 사람들에게 더 많은 도움을 줄 수 있도록 노력했다. 커진 외형만큼이나 각각의 본분을 제자리에서 잘 수행했는지는, 아마도 살아 있는 동안 쉼 없이 자문해야 할 숙제일 것이다.

병원 순위에 관한 생각

　　사람들은 종종 내게 대한민국에서 1등 병원이 어디냐고 묻는다. 그리고 자연히 그다음 순위를 매기면서 대형 병원을 가늠해본다. 요즘 매체에서 숱하게 언급되는 일명 빅5들이다. 순전히 내 기준으로 대답하자면 서울아산병원, 서울대학교병원, 세브란스병원, 삼성서울병원, 가톨릭대학교 서울성모병원 순이라고 생각한다. 그다음으로 우리 한림대학교병원은 고려대학교, 아주대학교와 앞서거니 뒤서거니 하고 있다. 참고로 전국에는 40개 의과대학과 그에 연관된 88개 대학병원이 있다(2023년 기준).

　　질적인 면에서 아산병원을 최고라고 생각하는 이유는 설립자가 일절 병원에 관여하지 않고 의료진을 신임하고 맡기기 때문이다. 덕분에 좋은 의사들이 많다. 20년 전에 내 간이식 수술을 집도한 이승규 박사는 명실공히 세계 최고의 전문가다. 인격적으로도 훌

룡한 분인데 지금까지 줄곧 아산병원에서 팀을 이끌며 위상을 높여가고 있다.

병원마다 태생적 조건이나 구조적 특성이 다르다 보니 운영 방식 역시 다를 수밖에 없다. 재단에서 병원 경영을 관리 감독하는 구조라면 재단이 병원장보다 우위에 있다. 의과대학 학장과 병원장까지 임명할 수 있는 막강한 권한이 이사장에게 주어지는 것이다. 그렇게 되면 병원장이 책임감을 가질 수 없는 형국이 된다. 여기에 재단의 성격이 기업 기반이냐 종교 기반이냐에 따라 우선시하는 가치 또한 차이가 있을 것이므로 의료진과의 갈등 양상도 달라진다.

정부 지원으로 운영되는 병원의 경우엔 연초에 지급된 지원금을 근간으로 수익을 발생시키는 구조이므로 1년간 그 자금을 부지런히 다 써야 한다. 그렇게 제로 수준을 만들어야 다음해에 예산을 배정받을 수 있다.

한편, 의료원장이 수장으로 있는 병원은 임기마다 교직원과 대학교수들이 투표로 의료원장을 뽑는다. 수천억 예산을 쥐락펴락하는 막대한 이권이 주어지는 자리인지라 선거철이면 안팎의 로비가 어지럽게 이루어진다. 그 결과로 선출된 이는 임기 동안의 업적에 치중할 수밖에 없고 그렇다 보니 이전부터 진행돼오던 사업은 자칫하면 중단될 여지가 많다. 애초에 미래를 내다보는 거시적 사업을 연속적으로 진행하기 어려운 구조인 것이다.

아산병원이 독보적인 지위에 이른 것은 역설적으로 병원이 추진하는 사업과 경영에 재단이 간섭하지 않았기 때문이다. 앞서도 말했지만 병원을 잘 아는 전문가들이 주도하고 실행하는 것을 지원할 뿐 사업에 걸림돌이 되지 않는 것이다. 병원이 장기적인 목표를 세우고 흔들림 없이 추진해 나가는 데 있어 오히려 재정적인 부분보다 강력한 지원이 이루어지고 있는 셈이다.

한림대학교의료원은 대략 6위쯤의 위치에 있지만 규모를 기준으로 하면 순이익도 높은 편이고 효율성과 생산성으로 평가하면 최고 수준이다.

우리보다 앞선 대형병원과 비교하자면 세브란스는 거의 100년, 서울대학병원과 성모병원 역시 대략 그와 엇비슷한 역사를 갖고 있다. 그러니 성장 속도나 평판의 수위로 보면 우리는 단기간에 엄청난 실적을 이룬 셈이다. 1971년에 한강성심병원을 개원한 이래 대림동의 강남성심병원과 청량리의 동산성심병원까지 종합병원 3개를 갖추기까지 걸린 시간은 10년에 불과했다. 이어서 춘천, 강동, 한림대학교성심병원과 동탄까지 이르렀으니 이런 속도와 확장 사례는 우리가 유일하다.

내가 꿈꾸는 일류병원

메시지가 중요하다

한림대학교의료원은 출범 후 50여 년 만에 전국 6위 수준에 이르렀다. 솔직히 말하자면 내 꿈은 우리 병원이 한국 최고의 병원이 되는 것이다. 최고라는 명성과 그것을 입증하는 치료 결과, 그리고 사람들의 신뢰를 받는 병원이 되는 것. 시간이 좀 걸리더라도 지금까지처럼 노력을 계속하면 얼마든지 실현 가능한, 이룰 수 있는 꿈이라고 믿는다.

내가 꿈꾸는 일류병원은 규모와 수익에서 최고가 되기보다 우리 주위의 가난한 이웃, 어려운 환경에 놓인 사람, 노인들을 돕고 보살피는 역할까지 아우르는 의료가 가능한 곳이다. 실제로 우리 재단이 벌여온 복지사업은 어디에 내놓아도 부끄럽지 않다고 자부한다. 신림종합복지관, 영등포노인복지관을 포함해 동탄에는 전국에서 제일 큰 복지관이 있다. 복지관은 외형적인 실체를 지칭할 뿐,

사업 부문에서는 훨씬 많은 부분을 살피고 수행하고 있다.

　이런 꿈이 가능할 것이라고 자신하는 이유는 50여 년 가까이 병원 그룹 전체를 책임지고 운영과 관리를 총괄해왔기 때문이다. 가감 없는 사실 그대로의 자부심이라면, 의사이자 관리자, 경영자로서 5개 병원을 총괄해온 시간은 곧 한국 의료계의 역사와 궤적을 함께한다고 생각한다. 한 병원의 목표와 사명을 오랜 시간 흔들림 없이 유지하고 지속할 수 있는가는 병원의 정체성을 결정하는 중요한 요인이다. 선대의 유지를 받들어 어긋남이 없게 모든 사업의 진행과 확장이 그 범주에서 이루어지도록 매진해오는 동안 나는 한순간도 딴마음을 품은 적이 없다.

　병원의 소유와 운영이 재단, 기업, 대학 등 별도로 나뉘어 있으면 의료 정책 또한 그에 따라 변동되고 영향을 받는다. 정책뿐만 아니라 의료 인력도 마찬가지여서 뛰어난 인재를 아깝게 놓치기도 한다. 실제로 병원 안팎의 알력과 견제에 희생돼 제자리에 안착하지 못한 세계적인 실력자들을 우리 병원은 부지런히 물색해 영입하고 있다.

　일례로 우여곡절 끝에 모셔온 세계 최고 수준의 부정맥 전문가가 이끌고 있는 부정맥 파트는 덕분에 유명세를 치르고 있다. 비상한 머리에 특출한 실력까지 갖춘 그가 운영하는 연수 프로그램에는 서울대병원, 연세대병원, 성모병원, 아산병원 등 국내 병원의 의사들은 물론, 심지어 미국 유명 대학의 주임교수까지 배우러 찾아온다. 그는 환자 시술을 비롯해 본인이 가진 노하우를 아낌없이 풀어놓는데, 문제는 그의 본능적인 감각과 현란한 술기를 따라하는 이가 없다는 것이다. 심장을 보면 어디가 문제인지 귀신같이 알아내 그 부분 부분을 정확히 지지는데, 그런 수준의 기술은 보고 배운다고 습득할 수 있는 게 아닌 것이다.

이렇듯 각 부문에서 마음껏 기량을 펼치는 우수한 실력자들이 만들어낸 놀라운 성과와 결과는 곧 병원의 입지와 직결된다. 병원 곳곳에서 실력 발휘를 하고 있는 인재들 덕분에 우리 병원은 국내외로도 주목을 받아 의료진과 환자들의 방문이 쇄도하는 중이다.

원로의사의
바람

    나는 정직을 종교 삼아 자랐다. 정직이야말로 지금까지 나를 지탱해온 근본이자 신앙이다.

    조직이 커지면 다 마찬가지일 텐데 특히 병원은 각종 이권이 엄청난 곳이다. 1970년대는 어떤 분야든 비슷했지만 의료계 또한 인턴, 레지던트 임용에도 금전이 오가던 시절이었다. 그러니 천문학적인 예산이 배정되는 의료기기나 약품 선정에는 오죽했겠는가. '리베이트'라는 그럴싸한 용어를 내세우며 관행이라고 항변하지만 결국은 이권을 놓고 오가는 검은 거래일뿐이다.

    나는 우리 재단 산하 어떤 기관도 리베이트를 못하도록 철저히 단속했다. 수백억 거래가 오가는 대형 의료기기업체, 제약사까지 리베이트를 금지시키니 거래처조차 이것이 과연 일시적인 조치인지, 아니면 의례적으로 던져보는 액션인지 진의를 파악하느라 우왕좌왕했다. 심지어 몰래 뒷돈을 던져두고 가는 일도 있었다.

오너십이 중요한 건 이 때문이다. 어떤 규율을 공표하면 무슨 일이 있어도 고수한다는 선례를 오너가 분명히 보여줘야 한다. 업계의 관행으로 굳어진 규범을 깨기 위해서는 더욱 그래야 한다. 물론 처음에는 반발도 심하고 의심도 하겠지만 몇 번의 사례가 축적되면 그 조직의 철칙으로 자리 잡는 것은 어렵지 않다.

이렇게 나의 첫 번째 신념인 정직은 병원 운영에서는 청렴함으로 구체화되었다. 이제 마지막으로 필요한 것은 사명감을 가진 의사들이다.

도헌학술원 송호근 원장이 우리 대학 의대생들에게 강연했을 때의 일화를 들려준 적이 있다.

의사가 될 여러분에게 인생 선배로서 당부한다면, 모두가 수재들이고 입시에 성공해 현재 의대에 재학 중이지만 앞으로 의사로서의 삶은 생각처럼 그렇게 순탄하지만은 않을 것이다. 굴곡도 있을 것이고 힘든 일도 많을 테니 그 부분을 유념하고 공부할 것이며, 어려울 때 중심을 잡고 버텨내기 위해서는 각자의 사명과 목표가 필요하다…… 대략 그런 내용이었다고 하는데, 강의를 마친 후 신입생 한 명이 따라 나와서 이런 질문을 했다고 했다.

교수님 강의를 듣긴 했는데 궁금한 것이 있다, 의사 생활이 힘들 거라 하셨는데 그 말씀이 잘 이해되지 않는다, 이제야 비로소 인생의 탄탄대로에 올라섰다고 생각했는데 정작 교수님은 앞으로 더욱 힘들 거라고 하니 이해할 수 없다고 했다는 것이다.

'의사가 왜 힘든가요?'

의사라는 업에 발을 들여놓는 순간, 앞으로의 인생은 그야말로 거칠 것이 없으리라는 믿음. 어쩌면 그 학생의 질문은 지금 우리가 어떤 세상에 살고 있는지를 한마디로 정의해주는 것일지도 모르겠다.

현재 대한민국에서 의사란 부와 명예가 보장되는 몇 안 되는 직종인 것은 맞다. 그러나 세계적으로 인정받기 시작한 한국 의료가 앞으로 더 발전하려면, 의사들에게 비전과 사명이 장착되어야 한다. 그것이 윤리든, 도덕이든, 다른 메시지로 구현되는 것이든, 각자의 비전을 품고 커리어를 발전시켜 나가야 한다. 의사는 안락함과 풍요로움을 추구하는 수단이 아니라 인간의 생명을 지키는 최전선에 서야 하는 업이기 때문이다.

얼마 전 뉴스에서 인상적인 내용을 봤다. 2024년도 서울아산병원 응급의학과 신입전공의 모집 공고문에 관한 것이었는데 다들 그 패기에 감탄해 화제가 되었다는 내용이었다. 나 역시 오랜만에 흐뭇한 마음으로 몇 번을 읽었다. 공고문의 내용은 이러했다.

"진정한 중환을 만나고 싶은가?"

먼저 드리는 글

수련과정이 편하고 응급의학과 쉽게 트레이닝할 수 있다고 홍보하는 다른 공고들도 많습니다.

그러나 서울아산병원, 저희 의국은 절대 그렇지 않습니다.

4년 동안 그만두고 싶은 일도 많을 것이고, 환자를 보다가 지치는 일도 무수히 많을 것입니다.

그러나 그 경험들이 훌륭한 의사를 만드는 데에 필수불가결하다고 믿고 있습니다.

수없이 환자를 보고, 힘들 것을 각오하고, 도전하고 싶은 응급의학과 의사를 환영합니다.

빠르고 쉬운 길을 가려 한다면 다른 병원이 더 맞을 수도 있습니다.

한 명의 응급의학과 의사로서 자부심을 가질 수 있는 사람을 원합니다.

많은 환자들이 내원하는 병원답게 희귀한 질환부터 중증의 질환까지 다양한 환자 케이스 및 각종 술기를 연마할 수 있습니다.

빅5 병원 중에서도 가장 높은 중증도를 자랑하는 응급실로 세상의 모든 중환은 서울아산병원으로 옵니다.

중환의 바다가 무엇인지 눈으로 직접 확인하실 수 있습니다.

한편에선 부와 명예를 좇아 몰려드는 의대 쏠림 현상을 걱정하고, 정부는 붕괴 위기에 처한 필수 의료와 지역의료 체계를 되살리겠다며 의과대학 정원 확대를 공언했는데, 필수 의료 분야임에도 의사 지망생들은 기피하는 응급의학과에서 이런 당당한 선언을 공포한 것이 반갑고 기특하다.

이들의 선언처럼 힘들 것을 각오하고 의사로서의 자부심과 사명감을 갖자. 부디 의사와 의사 지망생들이 이 부분을 명심하기를, 그러한 멋진 직업에 자신을 온전히 투신함으로써 성취감과 희열을 느낄 수 있기를. 선배로서 이 길을 먼저 지나온 노의사의 간곡한 바람이다.

성심병원에는
장례식장이 없다

　우리에게는 당연하지만 외국에선 찾아볼 수 없는 독특한 문화를 꼽자면 국내 유명 종합병원들이 필수적으로 갖추고 있는 대규모 장례식장이 아닐까 한다. 병원이 장례식장을 운영하면서 논스톱으로 장례까지 마무리해주는 시스템을 갖춘 곳은 세계에서 우리나라가 유일하다.

　나는 이 부분에서만큼은 크게 거부감을 갖고 있다. 일송재단 산하 모든 병원에 재단이 직접 운영하는 장례식장이 없는 것은 그 때문이다. 반드시 외국의 사례를 따를 것은 아니지만 예를 들어 미국은 사인이 의심스러운 경우에 시신을 살펴보기 위한 부검실 한두 곳이 있을 뿐, 어느 대형병원이라도 환자가 사망하면 장례 서비스를 제공하는 센터, 우리로 치면 장례식장으로 옮겨가는 것이 보통이다. 이는 일본도 마찬가지다.

이렇게 말하면 누워서 침뱉기 같지만, 대한민국의 병원은 외형적으로 보면 사실 환자의 생명을 살리기 위한 곳이 아닌 듯하다. 병원 한쪽에 장례식장 차량들이 주차돼 있고 상복 차림의 사람들이 무리를 지어 오가는 것 자체를 어찌 봐야 할까. 언제부터 이런 문화가 정착되었을까를 생각해보니 2000년대 이후 재벌 그룹이 운영하는 병원들이 생겨나면서부터인 것 같다. 이들 병원이 장례식장을 대규모로 건립하면서 본격적인 기업화, 사업화가 시작되더니 유명 인사의 장례식은 으레 이들 병원에서 치르는 것이 당연시되기 시작했다.

장례식장에서 벌어들이는 수익이 예상을 웃도는 수준이 되면서 이에 자극받은 병원들의 장례식장 개소 릴레이가 시작되었다. 유명 사립대학들은 앞다퉈 대규모로 장례식장을 신축하였으며, 심지어 유수한 국립대학에서는 병원장이 직접 영안실의 개소식을 진행하는 장면까지 연출하였다.

무언가 근원적으로 잘못됐다는 생각이 든다. 굳이 따지고 들자면 병원에서 못할 사업은 아니지만 이렇게 여봐란 듯이 거창하게 벌일 필요까지 있을까. 오래전에 허례허식을 버리자는 캠페인이 유행하면서 관혼상제 문화 전반에서 상당한 거품이 빠지긴 했지만 여전히 장례 문화에 있어서는 생각해볼 여지가 많다. 유명 인사의 장례식이 대형병원의 특실에서, 수백 평에 수천 만 원씩 소요되는 관행으로 굳어진 것은 이미 일상의 풍경이 되었다.

물론 A 병원에서 사망했을 때 그 병원에서 장례까지 마칠 수 있다면 가족 입장에서는 일면 수월한 부분도 있을 것이다. 시신을 모시고 이리 가고 저리 가고 그럴 필요가 없으니까. 그런 고단함을 덜기 위해 해당 병원에서 예측 가능한 수준에서, 감당할 만한 규모로 장례 절차까지 진행하는 것이라면 이해 못할 일도 아니다. 실제로 우리 병원도 환자와 보호자들의 지속적인 요청 때문에 불가피하게 외부 업체가 장례식장을 운영하고 있다. 문제는 지금의 장례식장이 고인을 배웅하는 절차를 돕는 것보다는 망자를 상대로 최대의 수익을 뽑겠다는 돈벌이 심산이 우선인 장소가 되어버렸다는 점이다. 장례 절차에 필요한 물품의 강매나 강제, 정산에서의 마찰 등으로 번번이 시끄러운 것도 다 그런 전제가 깔려 있기 때문이다.

물론 경영자 입장에서 보면 병원의 수익성을 고려해야 하고, 그러다 보면 다른 병원들의 근사한 수익 모델에 솔깃할 수는 있다. 나 역시 병원을 경영하는 사람으로서 그 고충을 충분히 짐작하지만 그럼에도 병원의 원칙과 정체성만은 어떤 상황에서도 지켜야 한다고 믿는다. 병원의 수익과 공공기관으로서의 의료라는 본분 사이에 놓인 피해갈 수 없는 어려운 딜레마다.

아시아 최초의
린네 메달 수상

2023년 5월 30일 한림대학교 일송아트홀에서 '웁살라대학 린네 메달 수여식'이 열렸다. 린네 메달은 식물학의 시조로 불리는 생물학자 칼 폰 린네Carl von Linné 탄생 300주년을 기리는 의미로 2007년 제정된 상이다. 스웨덴 웁살라대학교가 주관하며 매년 과학 분야에서 우수한 업적을 이루었거나 웁살라대학 발전에 기여한 인물에게 수여한다.

2020년 아시아 최초 수상자로 내가 결정됐다. 당시 코로나19로 미뤄진 수여식이 2023년에 한국에서 열린 것이다. 아시아 첫 린네 메달 배출이자 의과학 학술 국제교류의 공헌을 인정하는 차원에서 웁살라대학교 대표단이 직접 방한해 메달을 수여했다.

한림대학교의료원과 웁살라대학이 교류를 이어온 지 17년째다.

양 기관은 학술교류, 공동연구, 연수교류, 학생교환 등을 진행해왔다. 특히 당뇨병치료의 미래, 신경내분비종양, 영상의학, 줄기세포, 재생의학, 암 면역치료, 항생제 내성, 심혈관질환, 여성의학, 소아의학, 전신염증성질환 등의 주제로 11회에 걸쳐 국제학술 심포지엄을 개최해온 것은 자랑스러운 성과다. 사실 메달 수상보다는 장기간에 걸친 협력관계가 갈수록 돈독해지면서 눈에 띄는 성과를 보여주고 있는 것이 더 기쁘다.

이처럼 꾸준한 학술교류를 기반으로 2011년엔 웁살라의 최첨단 연구센터인 루드벡연구소에 한림대학교의료원 연구센터 분원인 '한림-웁살라 해외거점연구센터'를 개소했다. 이곳에서는 양국의 연구자들이 알츠하이머, 프리온, 파킨슨병 등 퇴행성신경질환의 기술융합 연구를 수행하고 있다.

또 2014년에는 한림대학교의료원에 '한림중개의과학연구원', 산하 병원에 '한림중개의학연구소'를 설치하고 진단면역, 혈관면역, 암 기능유전체학, 뇌인지융합의학 등에 대한 다학제연구를 진행하고 있다. 이 밖에도 한림대의료융합센터, 한림대학교의료원 의료인공지능센터 등을 개소하고 심포지엄에서 논의된 의과학 주제를 발전시키고 있다.

양 기관은 꾸준한 연수교류를 통해 수많은 교환학생을 배출했다. 이와 함께 한림대학교의료원의 신경과, 내분비내과, 혈액종양내과 교수진을 웁살라대학으로 보내 난치질환, 암 유전자 및 세포치료연구를 진전시켰다.

안데스 하그펠트 총장은 린네 메달을 시상하면서 축하 인사를 건넸다.

"윤대원 이사장의 열정과 후원 덕에 웁살라대학과 한림대학 및 의료원 가족은 특별한 결속력을 갖게 됐다. 윤 이사장이 방향을 잡아주었기에 우리는 독특한 관계를 형성했고 굳건한 협력과 우정을 이어가고 있다. 이 메달은 단순한 금빛 상징을 넘어 우리의 우정과 유대관계, 그리고 국가, 대학, 연구원과 오늘 이 자리에 모인 모두를 더욱 가깝게 만들어준 무한한 노력에 대한 감사의 표시다. 훌륭한 국제 파트너로서 의학연구 협력은 물론 국가 간의 긴밀한 유대관계를 이끈 모습을 높이 평가하고 린네 메달 수여로 이를 기리고자 한다."

린네 메달 수상은 마이티 한림을 기치로 내걸고 해외 진출을 도모한 지 20년 만의 성과이기도 하다. 이는 곧 선진 과학, 의료 분야의 대등한 교류를 실현해낸 것을 대내외적으로 공인받은 증표라고 생각한다.

2023년 린네 메달 수여식

▲ 안데스 하그펠트 스웨덴 웁살라대학교 총장이 금메달을 수여하고 있다
◀ 칼 폰 린네의 얼굴이 새겨진 린네 메달

안데스 하그펠트
웁살라대학교 총장

존경하는 윤 이사장님, 최 총장님, 볼벤 대사님, 내외 귀빈 여러분, 동료 여러분, 웁살라대학교와 한림대학교가 협력하기로 공식적으로 합의한 지 15년이 지났습니다. 저희 모교에서는 이러한 우호관계를 통해 새로운 인사이트와 시각이 생겼으며, 이를 의료계에 있어 가장 중요한 국제적인 협업관계 중 하나로 생각합니다. 오늘날 국제적인 협업은 성공의 전제 조건이며 선도 대학이 발전하기 위해서는 좋은 친구들과 함께 노력하고 논의를 통해 서로의 장점과 단점을 모두 파악할 수 있어야 합니다. 우리는 함께 노력함으로써 성장하고 야심찬 목표를 달성할 수 있습니다.

우리가 이처럼 소중하게 여기는 두 대학 간의 우정은 지난 몇 년간 모든 관계자와 동료들이 보여준 개인적인 헌신과 관대함이 없었다면 불가능했을 것입니다. 이를 통해 흥미로운 연구 결과와 교류뿐만 아니라 참가자들이 평생 간직할 문화적 통찰력과 경험을 얻을 수 있었습니다. 모든 협력의 중심에는 모든 당사자가 함께할 수 있도록 노력을 아끼지 않는 열정적인 분들이 있습니다. 웁살라-한림 가족은 특별히 강력한 관계를 맺을 수 있는 축복을 받았으며, 이는 다른 누구보다도 한림에 큰 영향을 주고 우리의 관계를 더욱 발전시키며 큰 영감을 주는 한 후원자의 지원 덕

분입니다. 바로 대한민국 서울의 한림대학교의료원과 한림대학교, 그리고 학교법인일송학원의 존경하는 윤대원 이사장입니다.

윤 이사장님께서는 수년간 웁살라대학교와 한림대학교 간의 의학 분야 연구 협력을 지원하고 장려해주셨습니다. 윤 이사장님은 웁살라대학교의 활동과 오랜 역사에 많은 관심을 보여주셨고 또한 20세기 대한민국에 대한 스웨덴의 지원에 감사를 표해주셨습니다. 이는 두 대학을 더욱 긴밀히 연결하기 위한 수년간의 노력을 뒷받침했으며 원동력이 되었습니다. 연구원과 학생을 위한 학술 심포지엄과 교류 프로그램을 조직하고 공동 연구 프로젝트를 활성화함으로써 말이죠.

윤 이사장님은 웁살라대학교의 귀중한 국제 파트너입니다. 또한 대한민국의 다른 대학 및 연구 협의회와 소통할 수 있도록 자리를 마련해 웁살라대학교와 한국 간의 교류가 더욱 활발해지도록 도우셨습니다. 이러한 모든 이유로 오늘 우리는 우리 대학뿐만 아니라 양국 간의 긴밀한 관계 형성에 크게 기여해주신 이사장님과 이사장님의 공로를 인정하고자 합니다.

오늘은 저에게 있어 매우 행복한 날입니다. 저는 총장으로서 두 학교 간의 협력이 계속될 것이고 다른 이들에게 모범이 될 수 있다고 확신합니다. 윤 이사장님이 방향을 잡아주셨기에 우리는 독특한 관계를 형성했고 굳건한 협력과 우정을 이어가고 있습니다. 감사와 우정, 그리고 공유의 가치를 표현하기 위해 우리의 영향력을 널리 퍼뜨릴 것입니다.

우리 대학이 지향하는 모든 것을 상징하는 영예로운 메달을 윤 이사장님께 수여합니다. 이 메달은 전통을 상징합니다. 메달의 앞면에는 과학계에서 웁살라대학교의 위상을 올린 가장 위대한 과학자인 칼 폰 린네의 모습이 그려져 있습니다. 식물학에 대한 그의 선구적인 연구 업적은 모든 전임자의 꿈을 뛰어넘었습니다. 그리고 의대 교수로서 이를 달성했습니다. 식물학은 꽤 오랜 시간이 흐른 후에야 독자적인 분야로 인정받게 됐는데, 린네 교수의 탁월한 업적이 아니었다면 아마도 그 시기는 더 늦춰졌을 것입니다.

메달의 그림은 아직도 영감을 주는 힘을 가지고 있습니다. 한 사람의 업적이 미래에 얼마나 큰 영향을 미칠 수 있는지, 한 사람의 노력과 역량이 얼마나 큰 영향을 미칠 수 있는지를 잘 보여주고 있습니다. 이러한 이유로 우리는 이 메달이 윤 이사장님과 완벽한 매치라고 생각합니다. 윤 이사장님은 지금까지 모든 기대치를 초과 달성하셨습니다. 오랜 시간 동안 세상을 풍요롭게 할 수 있는 무언가를 만들어냈습니다. 따라서 이 메달은 단순한 금빛 상징을 넘어 우리의 우정과 유대 관계, 그리고 국가, 대학, 연구원과 오늘 이 자리에 모인 모두를 더욱 가깝게 만들어준 무한한 노력에 대한 감사의 표시입니다.

윤대원
학교법인일송학원 이사

　안녕하십니까. 오늘 이 상을 수여해주신 분들에게 제가 얼마나 감사한 마음을 갖고 있는지에 대해 말씀드리고 싶습니다. 우선 웁살라대학교 대표단 여러분께 진심으로 감사드립니다. 오늘을 위해 주저하지 않고 먼 여정을 결정해주신 안데스 할베리 명예총장님께 특히 감사드립니다. 귀중한 시간 내주셔서 감사합니다.

　칼 폰 린네 교수는 식물학자이지만 이와 더불어 인류의 역사에 있어서 매우 중요한 분입니다. 린네 교수와 제자들은 50년 이상이라는 긴 시간 동안 때로는 본인 스스로를 희생하면서 동식물과 광물체를 분류하기 위해 최선을 다했습니다. 50년 이상 도전했다는 점은 상상하기도 힘듭니다. 정말 뛰어난 업적입니다. 훌륭하고 믿기지 않습니다. 그렇기 때문에 린네 교수와 그의 위대한 업적을 기념하고 있습니다.

　오늘은 정말 좋은 날이고 기쁜 날입니다. 오늘 뉴욕-프레스비테리안 병원에서도 특별한 분이 오셨습니다. 뉴욕-프레스비테리안 병원은 컬럼비아의대병원과 코넬의대병원이 통합된 병원입니다. 로버트 켈리 원장님께서는 이 병원을 맡은 바 있으십니다. 연구진, 교수진, 의료진, 간호사, 테크니션, 사회복지사 등 많은 분들의 노력으로 활발한 교류가 이뤄

졌습니다. 끊임없는 지원에 감사드립니다. 존경하는 다니엘 볼벤 주한 스웨덴 대사님과 외교관들께서도 오늘 행사에 참여해주셨습니다. 지원해주셔서 감사합니다.

한 분에 대해 특히 언급하고 싶습니다. 바로 안데스 할베리 명예총장님입니다. 할베리 총장님 사모님의 아버지께서는 6.25 전쟁에 의무관으로 참전하셨습니다. 부산에 위치한 적십자 병원에서 부상을 입은 한국 병사들을 치료하기 위해 헌신하셨습니다. 6.25 전쟁 이후에도 국립의료원에 남아서 부상을 당한 한국인들을 3년간 더 치료해주셨습니다. 한국인들은 이러한 진정한 휴머니즘을 절대 잊지 않을 겁니다.

마지막으로 스웨덴 웁살라대학교의 린네 메달과 스웨덴 사람들에 대해 제가 배운 점을 말씀드리고 싶습니다. 스웨덴 사람들은 상대방을 이해하고 관용을 베풀 줄 알며 차별하지 않는 성격을 가지고 있으며 이를 통해 그들만의 삶을 추구하고 있습니다. 세상은 그렇지가 않습니다. 세상에는 많은 차별과 편견, 그리고 차이가 존재합니다. 스웨덴 사람들은 매우 진정성 있으며 휴머니즘으로 가득 차 있습니다. 끊임없는 휴머니즘을 실천합니다.

린네 메달은 크나큰 휴머니즘과 무한한 사랑을 상징합니다. 저희도 같은 생각을 가지고 있으며 저희도 이를 실천해야 합니다. 바로 린네 메달을 통해 제가 배운 점입니다. 우리는 함께 협업해야 하고 서로 믿어야 합니다. 오늘은 정말 뜻깊은 날입니다. 저는 스웨덴 사람들로부터 무한한 사랑과 진정한 휴머니즘을 배웠습니다. 바로 우리가 필요로 하는 모든 것이라 생각합니다. 감사합니다.

통섭의 시대를 향한 비전

거대한 통섭의 시대, 융합의 시대가 오고 있다. 아니 벌써 인류사회는 융합의 시대 한가운데에 놓여 있다. 이미 우리나라에도 AI가 뇌, 심장, 폐 등 주요 신체 부위를 X선이나 CT, MRI로 찍은 영상을 보고 질병을 정밀하게 판별하는 AI 의료기기 사용이 가능해졌다. AI는 융합문명의 총아다. 기계에 수십 가지의 기술을 융합하여 인간지능처럼 작동하도록 하는 것인데 곧 인간지능을 능가할 것이라는 의견이 지배적이다. 통섭이란 복합적 현상의 본질과 작동 원리를 총체적으로 이해하는 지적 능력을 의미한다. 역으로 전문화된 지식을 특정한 네트워크망에 묶고 연결해서 인간의 상상력을 초월한 첨단과학을 만들어내는 창조적 행위이다.

20세기는 전문화의 시대였다. 하나의 기술로 하나의 탁월한 제품을 만들어내거나 특정 분야에서 우뚝 선 첨단기술을 발명하는 것으로 경쟁력이 결정되던 시대였다. TV 같은 전자제품, 카메라 같은 정밀광학제품, 컴퓨터 같은 전산기계로 산업경쟁력이 결정되었다. 21세기는 이런 것들이 하나의 제품에 용해되고, 미지의 복합기술로 융합되는 시대다. 스마트폰이 단적인 예다. 스마트폰은 21세기 융합의 시대를 열었던 최초의 발명품이었다. 수십 가지의 첨단기술이 하나의 제품에 결합되어 출현한 21세기적 작품이다. 그런데 AI는 인간행동의 유형과 정보를 데이터로 변환해서 인간의 인지 경계를 능가하는 광폭의 정보를 순식간에 산출하는 융합문명의 대명사가 됐다. AI가 기존의 20세기적 발명품에 접목되면 인류가 상상하지 못할 경이로운 영역이 열린다. 지금 우리가 그런 경이로움을 목도하고 있는 중이다.

병원의 스마트화smartization는 AI 시대에 우리가 지향하는 우선적 목표다. 한림대학교의료원은 한림대성심병원을 비롯하여 동탄성심병원 등 주요 병원에 AI가 접목된 서비스 체계를 구축하였다. 환자의 개별적 의료수요는 물론 병원에 내원한 환자들의 동선을 획기적으로 단축하였고, 환자의 질병 정보와 진료 상황, 수술 및 투약 정보 등 중요한 의료정보가 하나의 정보시스템에 통합되어 최고의 융합 의료서비스를 제공한다. AI를 접목한 한림대학교의료원의 융합적 의료기술 체계는 감히 말하건대 세계적 수준이다. AI 결합의료는 전문화된 개별 의학 분과가 판별하기 쉽지 않은 질병의 본질과 진료 방법을 발견하고 선택하는 데에 획기적인 길을 열었다.

20세기 전문화된 지식 경계를 넘는 융합적 지식과 통찰력은 21세기 과학 문명의 새로운 지평을 개척했지만 자칫 우리가 낳은 21세기 과학문명에 포박될지도 모른다는 우려가 커지고 있는 것도 사실이다. 인간이 20세기 기술을 통제할 수 있는 힘을 가졌다면, 21세기 융합기술은 인간의 통제력을 뛰어넘을 수 있다는 말이다. 인간이 기술에 의해 역으로 통제될 수 있는 위험사회가 닥쳐오고 있는 것이다. 여기에 딜레마가 있다.

선택하기에 따라, 인식하기에 따라 인류는 지속적인 발전과 성장을 구가할 수 있겠지만 자칫하면 궤멸할 수도 있는 위기에 직면하고 있다. 이를 해결할 수 있는 것은 인간의 총체적 도덕적 판단력이다. 기후 위기와 같은 재앙을 극복하고, 평화롭고 안전하고 지속적인 세계를 가꿔가도록 인류가 다 같이 지혜를 합쳐야 한다는 말이다. 인간의 한계가 더욱 첨예하게 드러나는 사회는 우리가 갈 길이 아니다. 어찌 보면, 첨단 기술의 경이로운 발전도 중요하지만 철학적이고 깊은 사색의 힘, 첨단 기술을 통제할 수 있는 도덕적 지성 역시 중요하다.

선친께서도 그랬지만 내가 도헌학술원을 만들고 훌륭한 교수와 인재들을 불러 모으고 계속해서 큰 담론을 연구하는 것도 그 연장선이다. 파스칼은 인간을 인간답게 하는 것, 인간이 가진 모든 존엄은 인간의 사유에서 비롯된다고 말했다. 자아와 이상, 타인에 대한 배려와 관용, 다양성의 존중 그리고 자신에 대한 엄격함이 응축된 사유의 시간이 필요한 시대다. 융합과 통섭은 첨단기술의 발전을 인류사회의 행복으로 이끄는 성찰적 지성이다.

의사로서 어떻게 살 것인가

지난 시절, 우리 사회와 교육은 기능인력주의와 경쟁의 배양에 치우쳐 사람다운 사람을 만드는 데 실패했다. 내가 중요하면 남도 중요하다는 공존의 원리조차 심어주지 못했다. 옆도 뒤도 돌아볼 새 없이 앞만 보고 달리느라, 돈벌이만을 추종하다 어느새 돈이 최우선인 세상을 만들어놓았다. 팔십 평생을 의사로 살아오며 스스로에게 부끄럽지 않으려고 노력해왔으나 이러한 자책에서는 나도 예외가 될 순 없다.

삶의 목적과 가치가 전도된 세상에서 윤리와 도덕과 소명의식은 뒷전으로 밀려났다. 수학과 과학에 재능 있는 청년들이 의과대학으로 몰려든 지 이미 오래다. 과학기술계 영재를 육성하겠다는 목적으로 만든 과학고·영재고 학생들도 의대를 향해 질주한다. 그것이 초래할 기술공학 분야의 인재 공백까지 염려하는 건 오지랖이라 치더라도, 그렇게 하여 의대 입성에 성공한 의학도들의 행보 또한 걱정스러운 부분이다.

종종 기막힌 기사들을 접한다. 명문대 재학생도, 내로라하는 대기업 직원도 전공과 직업을 접고 의대 입시를 준비한다더니, 그럴 능력이 못되는 형편이면 온갖 편법도 불사하는 모양이다. 몽골 의과대학, 서인도제도 의과대학으로 우회해 외국인 의사 자격으로 한국의 의사국가자격시험에 응시하겠다는 계획이다. 그들이 과연 무사히 살아남아 의사가 될 수 있겠는가.

해마다 3150명의 의과대학 졸업생이 나온다. 그중 기초의학교실에 남는 사람은 극히 적다. 의학 연구보다는 임상 쪽으로 몰려가 피부과, 안과, 이비인후과 등에 줄을 선다. 보수가 좋은 곳, 업무 강도가 낮은 곳, 의료사고 확률이 적은 안전한 곳을 찾는 것이다.

이제 얼마 안 가 우리나라에서 외과 의사는 자취를 감출 것이다. 최근 10년간 외과 수련의 지원이 현저하게 줄었기 때문이다. 흉부외과, 응급의학과 등, 고되고 희생이 동반되는 과도 마찬가지다. 10~20년 후 심장마비가 오고 교통사고로 긴급 수술이 필요할 때 과연 우리는 제때 치료받을 수 있을 것인가. 멀리 내다볼 것도 없이, 이미 서울 한복판에서 구급차를 받아줄 병원을 찾지 못해 위급 환자가 숨지는 믿을 수 없는 장면이 나타나기 시작했다.

지방 거점 병원에는 몇 년째 의사 공백이 이어지고 있다. 아무리고액의 연봉을 제시해도 오겠다는 이가 없다고 한다. 의사들 대부분이 서울에서의 근무를 원하고, 문화와 교육시설이 갖춰진 곳에서 교육을 보장받고 싶어서 그럴 것이다.

이런 시대에 의사의 사명, 소명의식 등을 강조하는 것은 이미 무용한 일일까.

정체성의 재확립이 시급하다

어떻게 살지 선택할 권리는 물론 자신에게 있다. 이 땅의 국민 모두에게 사명감을 갖고 헌신하며 살라고 요구할 수는 없는 노릇이다. 하지만 의사만은 달라야 한다고 믿는다. 선대를 이어 평생을 외과 의사로 살아온 선배로서 미래의 의료 환경을 책임질 후배 의사들을 위해 진정으로 당부하고 싶다. 젊은 의학도의 정체성을 재확립하는 것은 우리 의료계가 당면한 시급한 문제다.

왜 의사는 달라야 한다고 말하는가. 의사는 하늘이 내려준 소명을 부여받은 직업이기 때문이다. 다시 말해 의사는 인간의 생명을 구하는 파수꾼이며 희생적 존재이다. 인간의 목숨을 담보로 생사여탈권이 주어진 엄중함 앞에 나의 희생을 전제로 생명을 구하겠노라 약속한 사람인 것이다.

물질만능주의, 배금주의가 지배적인 요즘, 하나같이 부를 추종하고 안락함과 편리함만을 좇는다. 의사들 또한 의사라는 직업을 부를 축적하는 수단으로만 인식하는 것 같다. 하지만 의사는 돈 버는 직업이 아니다. 진정 돈을 벌고 싶으면 사업을 하고 기업을 운영하고 장사를 할 일이다. 어쩌다 오로지 금전과 일신상의 편안함을 추구하는 가치관에 온통 젖어버렸는지 안타깝기 그지없다.

그렇다면 오늘과 같은 세계화 추세에 따라 다른 나라의 의사들역시 유사한 행태를 보이고 있을까. 나는 평생 동안 미국의 컬럼비아, UCLA, 일본의 나가사키, 교토대학 그리고 스웨덴의 웁살라대학, 이탈리아 파도바대학 등 유수 대학들과의 교류협력에 적극적이었다. 이 과정에서 미국과 일본, 유럽의 젊은 의학도들이 일하는현장을 생생하게 목격했다.

힘든 과, 응급한 과, 위험이 따르는 과를 기피하는 현상은 일본, 미국, 유럽에선 볼 수 없다. 오히려 그들은 응급전문의, 심폐혈관흉부외과 등 어려운 분야에 치열한 경쟁을 불사하며 지원하고 있다. 기초교실에서 연구자의 길을 택하는 숫자도 일본은 150여 명, 미국과 유럽은 그보다 훨씬 더 많다. 의사로서의 뚜렷한 가치관과소명의식을 여전히 잊지 않고 있는 것이다.

웬 옛타령이냐 타박할지 모르겠으나 돌이켜보면 1960~1970년 대 의과대학을 졸업하고 수련받던 시절, 아마도 내 기억에 인턴 급여는 몇 만 원 정도였던 것 같다. 그러나 우리는 개의치 않았다. 돈을 벌려고 의사의 길을 택한 것이 아니기 때문이다. 그보다는 제일 좋은 병원, 제일 좋은 스승 밑에서 훌륭한 의술을 배워서 생명을 구해야겠다는, 한마디로 순수하고 숭고한 생각을 가진 이들이 많았다.

당시 명동의 성모병원은 치열한 경쟁률에 업무의 강도 또한 상상할 수 없을 정도였다. 1년차 6개월은 무조건 병원에서 숙식하며 배우는 것이 당연한 일이었다. 말이 숙식이지 각자의 방이 있다거나 샤워시설이 딸린 것도 아니었다. 열댓 평 남짓한 의국에서 3, 40 명의 레지던트가 의자에서도 자고 책상에서도 잤다. 오로지 배움을 위해 온갖 불편함도 감내하는, 고되지만 즐거웠던 시간으로 기억한다. 먹고살기도 어려울 만큼 사회 경제적 상황이 나빴던 시절이지만 그럼에도 생명을 더 먼저 생각했고 위급한 이웃을 살피는 사랑과 인간애가 있었다.

1980년대 이후 우리는 가난에서 벗어나 선진산업국 대열에 들어섰고 경제적 풍족함도 누리게 되었다. 2021년 유엔무역개발회의는 마침내 한국을 선진국으로 공인하기에 이른다. 그런데 왜, 특히 젊은 의사들은 더 급박해지고 더 물질을 탐하게 되었을까. 무엇이 이들의 본능을 그토록 극대화시켰을까.

가치관의 상실이다. 나는 이 모두가 삶의 가치관을 잃어버렸기 때문이라고 생각한다.

에리히 프롬은 《소유냐 존재냐》에서 삶의 양식을 소유적 삶과 존재적 삶으로 구분했다. 그에 따르면 현대 문명의 재앙은 소유적 삶을 추종하는 데서 비롯되었다. 소유적 삶은 돈, 땅, 명성, 사회적 지위 등에 매여 있다. 소유적 삶은 언제나 더 많은 소유를 욕망한다. 내가 더 많이 가져야 하므로 상대와는 늘 경쟁적, 적대적 관계에 있을 수밖에 없다. 소유의 탐욕 속에선 불안과 공포가 따르게 마련이다.

그에 비해 존재적 삶은 오로지 지금, 여기에 충실하므로 당당하고 타인을 적대시할 이유가 없다. 자신의 올바른 삶 앞에선 어떠한 불안도 존재하지 않는다. 충만한 삶이 가능하다. 바로 자유인이 되는 것이다. 의사라면 소유적 삶보다는 존재적 삶을, 이성과 합리적인 사고를 바탕으로 사랑의 인술을 펼치는 창조적 삶을 살아야 한다.

불과 얼마 전 세계를 집어삼킨 코로나바이러스에 대항하던 의료인들의 헌신을 떠올려보자. 격리병동에서 기약 없는 전투를 치르며 일분일초를 치열하게 살아내던 의사와 간호사들의 눈동자가 생생하다. 의료 인력이 부족하다는 곳으로 주위의 만류를 뿌리치고 달려간 수많은 의료인은 오로지 환자를 지키고 함께하겠다는 사명감이 먼저였을 것이다. 역설적이게도 코로나라는 역경과 고난의 시기가, 내가 더 희생하고 더 헌신하고 더 투신하겠다는 사명을 불러일으킨 뚜렷한 계기가 되었을 것이라고 생각한다.

지금 우리는 제4차 산업혁명이라는 엄청난 격변의 시간과 마주하고 있다. 역사상 가장 풍요롭지만 문명의 이기가 가져온 환경공해, 생명체 조작, 핵 확산 등의 두려움 속에 이제 인간은 인간이 먼저인가 로봇이 먼저인가 하는 자기 소외에 직면했다. 곧 기계가 인간을 능가할 시대가 눈앞에 도래했다. 달리 말하면 그 어느 때보다 사유와 사색이 필요한 시대라는 의미다. 도전과 응전의 정신으로 각오를 다져야 하는 시간에 들어선 것이다.

젊은 의학도들은 더 이상 궤도를 이탈해선 안 된다. 더는 지체하지 말고 제자리로 돌아와야 한다. 생명을 구하는 일보다 나의 안락이 먼저라는 잘못된 생각은 우리 스스로가 깊은 자성으로 바로 잡아야 한다. 그래야 진정으로 환자와 의사의 신뢰와 믿음을 이루어 낼 수 있고 그것이 치료에도 진전을 가져온다. 이 부분에서는 의학계의 선배들도 예외가 될 수 없다.

이 나이가 되어서 굳이 책을 쓰는 이유는 잘못된 생각과 습관에 조금이라도 경종을 울리고자 하는 절박한 바람 때문이다. 그 반향이 조금이라도 멀리 퍼져 한국 사회에서 올바른 의사상을 찾아가는 길잡이 등대가 되기를 간절히 바라기 때문이다.

흐르는 강물에서는 내 얼굴을 비춰볼 수 없지만 머무는 강물에선 볼 수 있다는 말이 있다. 가끔은 깊은 사유를 통해, 즉 지각이나 자각이 아닌 인지능력, 추리, 분석, 종합, 판단하는 그러한 깊은 사색의 시간으로 자신을 더욱 성숙된 인간으로 만들어 나가야 한다. 나는 진정한 가치적 삶을 살고 있는가. 아니면 세속적 욕망을 좇아 살고 있는가. 스스로에게 질문하고 확인하기를, 멈춰서 돌아보기를 당부한다.

나는 용기 있는 사람인가.

나는 정직한 사람인가.

나는 부단히 노력하는 사람인가.

나는 나보다 남을 먼저 생각하는 사람인가.

더 나아가 인류 전체를, 다함께 사는 삶을 지향하고 있는가.

그리고 나의 환자에게 최선을 다하기 위해 부단히 공부하고 있는가.

나는 이 모든 책임을 다하고 있는가?

마이티 닥터 Mighty Doctor

초판 1쇄 발행일 2024년 7월 25일

지은이 윤대원
펴낸이 김현관
펴낸곳 율리시즈

책임편집 김미성
표지디자인 co*kkiri
표지그림 ⓒ 손정기
본문디자인 진혜리
종이 세종페이퍼
인쇄 및 제본 올인피앤비

주소 서울시 양천구 목동중앙서로7길 16-12 102호
전화 (02) 2655-0166/0167
팩스 (02) 6499-0230
E-mail ulyssesbook@naver.com
ISBN 979-11-983008-6-7 03180

등록 2010년 8월 23일 제2010-000046호